GOETHE-ZERTIFIKAT B2

Deutschprüfung für Jugendliche und Erwachsene

Prüfungsziele
Testbeschreibung

Michaela Perlmann-Balme
Linda Fromme
Evelyn Frey

GOETHE INSTITUT

Hueber Verlag

IMPRESSUM

Gesamtkoordination: Michaela Perlmann-Balme, Prüfungsentwicklung; Goethe-Institut, Abteilung Sprache, Zentrale, München
Projektmitarbeiterinnen und Co-Autorinnen: Linda Fromme: digitale Prüfung · Evelyn Frey: barrierefreie Prüfung

Wissenschaftliche Begleitung: Rüdiger Grotjahn, Ruhr-Universität Bochum · Gabriele Kniffka, Institut für deutsche Sprache und Literatur, Pädagogische Hochschule Freiburg · Jane Lloyd, Cambridge English Language Examinations · Ina Ferbezar, Univerza Ljubljani · Waldemar Martyiuk, Uniwersytet Jagielloński
Redaktion: Caroline Warda

3. 2. 1. | Die letzten Ziffern
22 21 20 19 18 | bezeichnen Zahl und Jahr des Druckes.
Alle Drucke dieser Auflage können, da unverändert, nebeneinander benutzt werden.
1. Auflage

Umschlaggestaltung: Sieveking · Agentur für Kommunikation, München
Druck und Bindung: Firmengruppe APPL, aprinta druck GmbH, Wemding
Printed in Germany
ISBN 978-3-19-061868-2

Art. 530_25816_001_01

INHALT

Grußwort

Das Sprachniveau B2 spielt europaweit eine wichtige Rolle im Arbeitskontext und im Studium. An zahlreichen Universitäten und Studienkollegs ist für ausgewählte Studienfächer gerade im technischen Bereich das B2-Niveau die sprachliche Mindestvoraussetzung. Wenn man sich beispielsweise auf eine Tätigkeit im medizinischen Bereich vorbereitet oder in Pflegeberufen in einem deutschsprachigen Land arbeiten möchte, ist dieses Sprachniveau in vielen Bundesländern anerkannt. Das neue *Goethe-Zertifikat B2* bestätigt diese Sprachkenntnisse auf der sechsstufigen Kompetenzskala des *Gemeinsamen europäischen Referenzrahmens für Sprachen* (*GER*).

Das *Goethe-Zertifikat B2* wird die erste Deutschprüfung des Goethe-Instituts sein, die auch in digitaler Form angeboten wird. Im Sprachkursangebot setzt das Goethe-Institut bereits seit Jahren verstärkt auf digitale Lern- und Lehrangebote. Ab sofort werden auch unsere Deutschprüfungen digitalisiert. Hiervon profitieren sowohl unsere Kundinnen und Kunden als auch unsere Prüfungszentren.

Neben der Aufrechterhaltung eines modernen Images und der Ansprache jüngerer Prüfungsteilnehmenden soll das Angebot einer digitalen Testversion auch Prozesse vor Ort optimieren. Dies führt zu einer Serviceverbesserung und einem flexibleren Kundenangebot, da sich der logistische Aufwand im Vorfeld der Prüfung stark verringert. So können wir Interessentinnen und Interessenten entgegenkommen, die nicht lange auf einen Prüfungstermin warten können und schnelle Ergebnisse benötigen.

Wir gehen davon aus, dass sich durch die Digitalisierung die Sicherheit bei der Prüfungsdurchführung erhöhen wird, zum Beispiel durch die individualisierte Mischung von Antwortoptionen. Gerade bei Prüfungen, die in den erwähnten Anerkennungskontexten zum Einsatz kommen, spielt dieser Aspekt eine zentrale Rolle.

In vorliegendem Handbuch finden Sie alle fachlichen Erklärungen zu unserem neuen Zertifikat.

Johannes Ebert
Generalsekretär des Goethe-Instituts

Zu diesem Buch

Dieses Buch wendet sich an Expertinnen/Experten, Prüfende, Lehrpersonen und Kursträger/-innen, die Unterricht in Deutsch als Fremdsprache anbieten und Teilnehmende auf das *Goethe-Zertifikat B2* vorbereiten möchten.

- Kapitel 1 beschreibt die wichtigsten Kennzeichen der beiden Versionen der Prüfung für Jugendliche und Erwachsene und bietet eine Charakterisierung der Prüfung in Kurzform.
- Kapitel 2 widmet sich der Entstehung der Prüfung. Es gibt einen Einblick in den Prozess der Prüfungsentwicklung und erläutert, welche Entwicklungsschritte unternommen wurden, um die aktuellen europäischen Qualitätsstandards für Sprachprüfungen einzuhalten.
- Kapitel 3 legt die demografischen Merkmale der Teilnehmenden an der Prüfung vor. Dazu zählen neben Erwachsenen und Jugendlichen auch Teilnehmende mit körperlichen Behinderungen.
- Kapitel 4 erläutert das der Prüfung zugrunde liegende theoretische Konstrukt. Dieses basiert auf dem kommunikativen und handlungsorientierten Ansatz sowie den von sprachlich Handelnden eingesetzten Strategien. Das Kapitel definiert detailliert, was gemäß dem *Gemeinsamen europäischen Referenzrahmen für Sprachen* auf der Niveaustufe B2 unter selbstständiger Sprachbeherrschung zu verstehen ist und wie diese Definition in der Prüfung umgesetzt wird.
- Kapitel 5 beschreibt die vier fertigkeitsbezogenen Module der Prüfung: die Prüfungsziele und -formen der einzelnen Teile sowie die zugrunde liegenden Kann-Beschreibungen. Es erklärt, welche Aufgabentypen verwendet werden, und erläutert anhand von Beispielen, welche produktiven Leistungen erfolgreiche Teilnehmende erbringen.

Die Autorinnen

1 Goethe-Zertifikat B2

1.1 Träger

Das *Goethe-Zertifikat B2* wurde in der Zentrale des Goethe-Instituts, Fachbereich Prüfungen, entwickelt. Das Goethe-Institut e. V. widmet sich im Auftrag der Bundesrepublik Deutschland der Pflege der deutschen Sprache im Ausland sowie der internationalen kulturellen Zusammenarbeit. In einem weltweiten Netzwerk von circa 150 Instituten und circa 350 Kooperationspartnern in Deutschland und im Ausland wurden 2017 etwa 250.000 Kursteilnehmende unterrichtet.

Etwa 500.000 Deutschprüfungen wurden 2017 an über 500 Prüfungsorten weltweit abgenommen.[1] Die Sprachprüfungen für Deutsch als Fremd- bzw. Zweitsprache reichen zurück bis in das Jahr 1961. Die Nachfrage nach ihnen steigt ständig. Goethe-Zertifikate sind an deutschen Hochschulen, bei Arbeitgebern und öffentlichen Institutionen weltweit anerkannt.

Das Goethe-Institut bietet folgende allgemeinsprachlichen Deutschprüfungen für jugendliche und erwachsene Lernende an:

Niveau GER	Erwachsene	Jugendliche
A1	Goethe-Zertifikat A1 Start Deutsch 1	Goethe-Zertifikat A1 Fit in Deutsch 1
A2	Goethe-Zertifikat A2	Goethe-Zertifikat A2 Fit in Deutsch
B1	Goethe-Zertifikat B1	Goethe-Zertifikat B1
B2	Goethe-Zertifikat B2	Goethe-Zertifikat B2
C1	Goethe-Zertifikat C1	
C2	Goethe-Zertifikat C2 Großes Deutsches Sprachdiplom	

Abbildung 1: Deutschprüfungen des Goethe-Instituts für Erwachsene und Jugendliche

1 vgl. Goethe-Institut, Jahrbuch 2016/2017, S. 36-37.

Vergleichbare allgemeinsprachliche Fremdsprachenprüfungen in Europa auf dem Sprachniveau B2 sind:

Sprache	Erwachsene	Jugendliche
Englisch	*Cambridge English: First*	*Cambridge English First for School*
Französisch	*Diplôme d'études en langue française (DELF B2)*	*DELF junior* *DELF scolaire*
Spanisch	*Diplomas de Español como Lengua Extranjera (DELE B2)*	
Italienisch	*Certificato di conoscenza della lingua italiana (CELI 3)*	*CELI 3 adolescenti*

Abbildung 2: Allgemeinsprachliche Prüfungen für Jugendliche und Erwachsene (Auswahl)

1.2 Beschreibung der Prüfung

Name

Das *Goethe-Zertifikat B2* wurde 2014 bis 2018 erneuert und erscheint in der neuen Form unter demselben Namen. Die Prüfung besteht aus zwei formal gleichen Varianten, einer für Erwachsene sowie einer für Jugendliche.

Art der Prüfung

Die Prüfung *Goethe-Zertifikat B2* dient zur Feststellung allgemeinsprachlicher Kenntnisse des Deutschen in allen vier Fertigkeiten. Sie ist unabhängig von einem vorher besuchten Sprachkurs ablegbar.

Zielgruppen

Das *Goethe-Zertifikat B2* richtet sich an erwachsene sowie jugendliche Lernende des Deutschen als Fremdsprache auf fortgeschrittenem Sprachniveau. Für Teilnehmende an den Modulen für Erwachsene gilt ein Mindestalter von 16 Jahren. Eine Jugendvariante steht Teilnehmenden im Alter ab 15 Jahren zur Verfügung. Das Prüfungsformat der beiden Varianten ist formal und im sprachlichen Schwierigkeitsgrad gleich, inhaltlich jedoch der jeweiligen Zielgruppe angepasst und daher unterschiedlich.

Voraussetzungen

Die Prüfung ist allen Interessierten zugänglich, die über fortgeschrittene Kenntnisse der deutschen Sprache verfügen, unabhängig davon, ob sie vorher einen Sprachkurs oder eine bestimmte Klassenstufe besucht haben. Im Rahmen von Intensivkursen lassen sich die für die Prüfung notwendigen Kenntnisse und Fähigkeiten in circa 800 Unterrichtseinheiten zu jeweils 45 Minuten erwerben. Voraussetzung für eine Teilnahme an der B2-Prüfung ist die Kenntnis der lateinischen Schrift.

Anerkennung

Das *Goethe-Zertifikat B2* ist an zahlreichen Hochschulen im deutschsprachigen Raum als Voraussetzung für ein Studium anerkannt. Auch bei Arbeitgebern besitzt die Prüfung als Nachweis der Fähigkeit selbstständiger Sprachverwendung in Deutsch einen hohen Stellenwert. Eine Liste der anerkennenden Hochschulen findet sich auf der Homepage des Goethe-Instituts.

Externe Zertifizierung

Das *Goethe-Zertifikat B2* wurde 2013 von der *Association of Language Testers in Europe* (ALTE) mit ihrem Qualitätssiegel ausgezeichnet.[2] Außerdem wurde das *Goethe-Zertifikat B2* von der nationalen Akkreditierungsbehörde in Ungarn (NYAK) anerkannt.
Die B2-Prüfung des Goethe-Instituts steht in der Version für Erwachsene auch körperbehinderten Personen zur Verfügung. Das behindertengerechte Online-Angebot wurde von der Einrichtung BIK (Barrierefrei Informieren und Kommunizieren) und der Stiftung Pfennigparade mit „sehr gut zugänglich" zertifiziert.

Sprachniveau

Mit dem Zeugnis weisen Teilnehmende Deutschkenntnisse auf der vierten Stufe der sechsstufigen Kompetenzskala *des Gemeinsamen europäischen Referenzrahmens* nach. Die Niveaustufe B bezeichnet die Fähigkeit zur selbstständigen Sprachverwendung. Mit erfolgreichem Bestehen des *Goethe-Zertifikats B2* belegen Teilnehmende, dass ihnen die deutsche Standardsprache geläufig ist. Sie zeigen, dass sie die Sprache Deutsch funktional verwenden und ihre Belange im privaten, gesellschaftlichen, akademischen und beruflichen Leben damit adäquat ausdrücken können.

Grundlagen

Die Prüfung basiert auf dem in Form dieses Handbuchs vorliegenden Prüfungszielkatalog. Sie ist dem kommunikativen und handlungsorientierten Lehr- und Lernansatz verpflichtet. Die Prüfungsteilnehmenden bewältigen als sprachlich Handelnde kommunikative Aufgaben in den vier Fertigkeitsbereichen Leseverstehen, Hörverstehen, schriftliche Interaktion und Produktion sowie mündliche Interaktion und Produktion.

Module, Dauer

Die Prüfung besteht aus drei schriftlichen und einem mündlichen Modul. Jedes Modul kann einzeln abgelegt werden. Die schriftlichen Module prüfen die Fertigkeiten Lese- und Hörverstehen sowie schriftlicher Ausdruck. In den Modulen *Lesen* und *Hören* sollen Teilnehmende mündliche und schriftliche deutsche Texte verstehen. Zu den verschiedenen Texten lösen sie jeweils 30 Aufgaben durch Markieren. Im Modul *Schreiben* verfassen sie handschriftlich zwei Texte.

Modul/Fertigkeit	Teile/Aufgaben	Punkte	Minuten
Lesen	5/30	100	65
Hören	4/30	100	40
Schreiben	2	100	75
Sprechen	3	100	15

Abbildung 3: *Goethe-Zertifikat B2*, Prüfungsmodule, Gewichtung, Dauer

Das Modul *Sprechen* wird in der Regel in einer Paarprüfung mit zwei Teilnehmenden und zwei Prüfenden durchgeführt. In Ausnahmefällen, wenn sich nur eine Person zur Prüfung anmeldet, oder bei ungerader Anzahl an Teilnehmenden wird das Modul *Sprechen* als Einzelprüfung abgelegt.

2 Zum Zeitpunkt der Publikation des vorliegend Handbuchs findet ein turnusmäßiges Andit für die aktuelle Prüfung statt.

Prüfungsdurchführung, Zentren

Diese Prüfung wird weltweit nach einheitlichen Standards wahlweise in gedruckter, digitaler oder barrierefreier Form durchgeführt. Die weltweit einheitlichen Regeln der Prüfungsdurchführung finden sich in den Durchführungsbestimmungen. Als Prüfungszentren dienen die Goethe-Institute sowie vom Fachbereich Prüfungen lizensierte Anbieter von Deutschprüfungen.
Bei Teilnehmenden mit spezifischem Bedarf aufgrund von körperlichen Behinderungen kommen von Fall zu Fall angepasste barrierefreie Durchführungsverfahren zum Einsatz. Die Prüfungsinhalte sind in regulär durchgeführten und barrierefrei durchgeführten Verfahren gleich, in der technischen Durchführung unterschiedlich.

1.3 Prüfungsergebnisse, Zeugnis, Teilnahmebestätigung

Die Prüfungsergebnisse werden am Prüfungszentrum im direkten Anschluss an die Prüfungsdurchführung ermittelt und je nach Prüfungszentrum innerhalb von einem Tag bis zu vier Wochen mitgeteilt.
Um ein Modul zu bestehen, müssen mindestens 60 Punkte bzw. 60 Prozent der möglichen Punkte erreicht werden. Das Ergebnis ist folgendermaßen zu interpretieren:

	Punkte = Prozent
Sehr gut	100 – 90
Gut	89 – 80
Befriedigend	79 – 70
Ausreichend	69 – 60

Die Teilnehmenden erhalten bei Bestehen eines Moduls eine Zeugnisurkunde. Die Prüfung verwendet für Jugendliche und Erwachsene die gleiche Zeugnisurkunde. Auf der Zeugnisvorderseite werden alle bestandenen Module mit den erreichten Punkt- bzw. Prozentzahlen ausgewiesen. Auf der Zeugnisrückseite findet sich eine Erläuterung der Leistungen, die für die Niveaustufe B2 kennzeichnend sind.
Werden alle vier Module an einem Prüfungstermin abgelegt und bestanden, erhält die/der Prüfungsteilnehmende ein Gesamtzeugnis, das alle vier Module ausweist. Sollte ein Modul nicht bestanden sein und legt die/der Prüfungsteilnehmende dieses Modul innerhalb eines Jahres nach Bekanntgabe des Prüfungsergebnisses an demselben Prüfungszentrum ab, kann sie/er ein Gesamtzeugnis über alle vier Module erhalten.
Für nicht bestandene Module erhalten Prüfungsteilnehmende ein Protokoll der Leistungen mit Angabe der erreichten Punkt- bzw. Prozentzahlen als Teilnahmebestätigung.

2 Entwicklung des Testformats

2.1 Referenzsystem

Für die Entwicklung des *Goethe-Zertifikats B2* ist der *Gemeinsame europäische Referenzrahmen für Sprachen (GER)* von zentraler Bedeutung. Er liefert sprachübergreifend einen Orientierungsrahmen für die zugrunde liegende Auffassung vom Sprachenlernen. Er ermöglicht über die einzelne Sprache hinaus transparente Vergleiche dafür, was unter Beurteilung von Fremdsprachenkenntnissen zu verstehen ist.

Auch Vertreter/-innen anderer europäischer Fremdsprachen orientieren sich mehrheitlich am handlungs- und aufgabenorientierten Ansatz des *Gemeinsamen europäischen Referenzrahmens*, demzufolge Sprachlernende als in sozialen Kontexten sprachlich Handelnde definiert werden. Beobachtet wird die Bewältigung realitätsnaher kommunikativer Aufgaben durch die Lernenden. Dadurch rücken pragmatische und soziokulturelle Aspekte der Sprache sowie der Umgang mit verschiedenen Textsorten in den Mittelpunkt. Zudem liefert der Referenzrahmen ein System von Stufen für die Zuordnung von Kompetenzen und Leistungen. Das *Goethe-Zertifikat B2* ist angesiedelt auf der vierten Stufe des sechsstufigen Modells, das A1 Breakthrough und A2 Waystage als elementare Sprachverwendung ausweist, B1 Threshold und B2 Vantage als selbstständige, C1 Effective Operational Proficiency und C2 Mastery als kompetente Sprachverwendung. Der *Referenzrahmen* bildet sprachliches Können in realitätsnahen sogenannten Kann-Beschreibungen ab. Dabei handelt es sich um empirisch validierte, positiv formulierte Sätze, die ausdrücken, was Lernende auf der jeweils beschriebenen Stufe im Hinblick auf sprachliches Handeln zu leisten imstande sind.[3]

Der Einfluss des Referenzrahmens auf die Entwicklung des *Goethe-Zertifikats B2* zeigt sich beispielsweise bei der Einteilung der Prüfung in die vier Module *Lesen*, *Hören*, *Schreiben*, *Sprechen*, die jeweils eine Fertigkeit überprüfen: Leseverstehen, Hörverstehen, schriftliche bzw. mündliche Produktion und Interaktion. Die Handlungs- und Realitätsorientierung der Aufgaben wurden bei der Wahl der Kontexte, Textsorten und produktiven Aufgaben umgesetzt. Prüfungsteilnehmende sollen nachweisen, dass sie mit im Alltag verankerten Textsorten wie z. B. mit Studienordnungen oder Vorträgen und dergleichen umgehen können. Sie müssen zeigen, dass sie den Texten auch dann gezielt Informationen entnehmen können, wenn diese unbekannte Wörter enthalten, wie das in der Alltagswirklichkeit auch der Fall ist.

3 vgl. Schneider/North (2000).

Der modulare Ansatz des *Goethe-Zertifikats B2* trägt dem Portfolio-Gedanken[4] Rechnung. Lernende können ihre Kompetenz in den Fertigkeiten gesondert nachweisen. Eine Person, die in den rezeptiven Fertigkeiten das Niveau B2 erreicht, in den produktiven aber beispielsweise nur B1, kann sich mit dem *Goethe-Zertifikat B1* in einer Fertigkeit und mit dem *Goethe-Zertifikat B2* in einer anderen prüfen lassen und jeweils ein Modulzeugnis erhalten. Dieses Vorgehen wird den individuellen Ansprüchen und Zielen der einzelnen Lernenden gerecht und sorgt für Erfolgserlebnisse. Die Modularität hält gleichzeitig hohe Ansprüche an sprachliches Können aufrecht, indem es jede Fertigkeit für sich bezogen auf das Niveau B2 betrachtet. Die Fertigkeiten sind nicht gegenseitig ausgleichsfähig, d. h. in jedem Modul ist eine Mindestpunktzahl erforderlich. Dieser Aspekt befriedigt die Ansprüche der anerkennenden Stellen, die Interesse an gleichbleibend anspruchsvollem Niveau haben.

Die Entwicklung des *Goethe-Zertifikats B2* greift auf eine Reihe von Zusatzmaterialien zum *GER* zurück. Das wichtigste ist *Profile Deutsch*.[5] Während der *Referenzrahmen* und das *Europäische Sprachenportfolio* sprachenübergreifend konzipiert sind, leistet *Profile Deutsch* (2005) die Konkretisierung der Niveaubeschreibungen für die deutsche Sprache. Bei der Entwicklung des *Goethe-Zertifikats B2* war *Profile Deutsch* im Hinblick auf die sprachlichen Mittel und die von den Lernenden anzuwendenden kommunikativen Lern- und Prüfungsstrategien von Bedeutung.

Die Anpassung an die Niveaus des *Referenzrahmens* geschah auf der methodischen Basis des *Manuals for Relating Language Examinations to the Common European Framework of Reference for Languages* des Europarates[6]. Neben dem konsequenten Heranziehen der Deskriptoren bei der Konzeption der Testaufgaben und der Bewertungskriterien kommt dem *Standard Setting* für die rezeptiven und dem *Benchmarking* für die produktiven Teile eine entscheidende Rolle zu. Bei diesem Entwicklungsschritt geht es um die nachvollziehbare Positionierung der Prüfung auf die entsprechende Stufe des *Referenzrahmens*. An diesen Veranstaltungen nehmen ausgewiesene Testexpertinnen und -experten, Sprachlehrende und Vertretungen aus Hochschulen, Politik und Bildung, auch aus anderen Ländern, teil. Insgesamt werden circa 50 Expertinnen und Experten aus zehn Ländern zur Teilnahme eingeladen. Diese arbeiten in vier Gruppen, je eine pro Fertigkeit bzw. pro Modul. Ziel der Gruppenarbeit sind der Nachweis, dass die Prüfungsanforderungen und die damit erhobenen Leistungen der Teilnehmenden mit der Definition des angestrebten Niveaus im *Referenzrahmen* kompatibel sind, und die Feststellung, wo in jedem der vier Module die Bestehensgrenze gezogen werden muss (Cut-off). Anders als vor Einführung des *Referenzrahmens* wird die Bestehensgrenze nicht mehr ungeprüft bei 50 oder 60 von 100 festgesetzt, sondern durch Expertenurteil ermittelt. Eineinhalb Tage lang werden die Aufgabenstellungen und die dazugehörigen Erprobungsergebnisse diskutiert. Zum Lese- und Hörverstehen werden statistische Daten aus der Itemanalyse herangezogen. Zum schriftlichen und mündlichen Ausdruck werden Beispiele, die das Anforderungsniveau der Aufgaben belegen sollen, herausgesucht. Diese Beispiele werden auf ihre Schwierigkeit hin eingeschätzt. Zudem werden Leistungen der Teilnehmenden aus der Erprobung mit bereits standardisierten Beispielen auf der Niveaustufe B2 verglichen.

4 Das *Europäische Sprachenportfolio* (zuerst 2001) versteht sich als Anwendung des *Gemeinsamen europäischen Referenzrahmens*. Es soll ausschließlich den Lernenden selbst dienen und bietet ihnen die Möglichkeit, die erworbenen Fähigkeiten Dritten zu präsentieren. Es besteht aus dem Sprachenpass, der vor allem Zertifikate und formelle Nachweise enthält und einen Überblick über die sprachlichen Kompetenzen der/des Inhabers/in gibt, der Sprachenbiografie in Form einer Dokumentation der einzelnen Phasen und Erfahrungen des Sprachenerwerbs eines/r Lernenden sowie dem Dossier, das Arbeitsproben aufbewahrt, die im Zusammenhang mit den Spracherwerbsprozessen entstanden sind. Genauere Informationen: http://www.coe.int/t/dg4/education/elp/Default_en.asp.

5 Glaboniat et. al. (2005).

6 Europarat (2009).

Zusammenfassend stellt sich der Zusammenhang zwischen *GER*, *Profile Deutsch* und dem *Goethe-Zertifikat B2* im Hinblick auf Konstrukt und Niveau der Prüfung folgendermaßen dar:

Gemeinsamer europäischer Referenzrahmen für Sprachen (GER)

definiert sprachliche Aktivitäten und Kompetenzen in einer breit angelegten Palette von Situationen für **alle** europäischen Sprachen als Fremdsprachen auf **allen** Sprachniveaus (A1 bis C2) für Erwachsene

↓

Profile Deutsch

liefert die für die Erfüllung der Kompetenzbeschreibungen notwendigen sprachlichen Mittel (Sprachhandlungen, Wortschatz, Grammatik etc.) in **deutscher Sprache**

↓

Goethe-Zertifikat B2 / Prüfungsziele

definiert Prüfungsziele für die beschriebenen Zielgruppen Jugendliche und Erwachsene sowie dafür relevante Inventare (z. B. Themen, Wortschatz, grammatische Strukturen)

↓

Goethe-Zertifikat B2 / Testformat

überprüft den Kernbereich der Prüfungsziele für die beschriebenen Zielgruppen auf dem Niveau B2.

Abbildung 4: Referenzsystem der Goethe-Zertifikate

Zu den Zusatzmaterialien zum *GER* zählen Beispiele von rezeptiven sowie produktiven schriftlichen und mündlichen Leistungen in mehreren europäischen Sprachen, die der Europarat auf seiner Webseite zur Verfügung stellt. Die Beispiele sollen die sechs Niveaustufen des *Referenzrahmens* illustrieren.[7] Sie werden bei der Definition der Anforderungen auf dem Niveau B2 herangezogen. Dasselbe gilt für die unter dem Titel *Mündlich* veröffentlichten Beispiele mündlicher Produktion und Interaktion für die Sprache Deutsch[8]. Diese sogenannten *Benchmarking*-Beispiele wurden von Expertinnen und Experten[9] aus den deutschsprachigen Ländern sowie aus dem europäischen Raum der jeweiligen Niveaustufe zugeordnet. Sie dienen damit als Vergleichspunkt für die Prüfungsleistungen zum *Goethe-Zertifikat B2*. Diese Funktion erfüllen die Beispiele mündlicher Produktion und Interaktion von jugendlichen Lernenden, die unter Leitung des *Centre International d'études pédagogiques* (CIEP) 2008 entstanden und im Rahmen eines Seminars von circa zwanzig Expertinnen und Experten[10], darunter Vertreter/-innen von Cambridge English, der Universität von Perugia, des Instituto Cervantes und der Stiftung Eurozentren, der Niveaustufe B2 zugeordnet worden waren.[11]

2.2 Qualitätsstandards

Das Goethe-Institut ist eines der sieben Gründungsmitglieder der *Association of Language Testers in Europe (ALTE)*. Im Februar 2014 erhielt es zum zweiten Mal nach einer Evaluierung seiner Deutschprüfungen für Erwachsene das Qualitätssiegel dieser europäischen Vereinigung.[12] Die ALTE wurde 2003 als Nichtregierungsorganisation (NGO) in den Europarat aufgenommen und berät diesen laufend in Fragen der Leistungsmessung und Zertifizierung. 2006 erhielt die ALTE als NGO den Status als beratende Institution bei den Vereinten Nationen.

---

7 Diese Videos sind abrufbar unter: http://www.coe.int/t/dg4/education/elp/elp-reg/CEFR_materials_EN.asp.

8 Bolton / Glaboniat / Lorenz / Perlmann-Balme / Steiner (2008); eines der dort veröffentlichten 21 Beispiele sprachlicher Leistungen befindet sich auf der DVD mit Trainingsmaterialien zum *Goethe-Zertifikat B2*, die zur Aus- und Fortbildung von Beurteilenden des *Zertifikats B2* eingesetzt wird; van der Werff 2012.

9 Teilnehmende der Konferenz München (2005): Europarat W. Martyniuk, Goethe-Institut M. Adelhoefer, S. Bolton, U. Brand-Kleider, A. Daniels, H. Kirchner, H. Oehlert, M. Reimann, S. Steiner, TestDaF-Institut G. Kecker, WBT H. Rubeling, B. Zeidler, CLAC M. Müller, Universität Klagenfurt/ÖSD M. Glaboniat, H. Lorenz, Universität Fribourg M. Müller, G. Schneider, Migros-Clubschulen Urs Egli, Universität Ljubljana I. Ferbezar; Teilnehmende der Konferenz Wien (2006): Europarat W. Martyniuk, Goethe-Institut M. Perlmann-Balme, S. Steiner, TestDaF-Institut G. Kecker, Universität Klagenfurt/ÖSD M. Glaboniat, H. Lorenz, ÖSD M. Doubek, K. Janicek, G. Kronberger, Verband Wiener Volkshochschulen T. Fritz, Universität Fribourg M. Müller, G. Schneider, T. Studer, P. Lenz, CLAC M. Müller, Migros-Clubschulen U. Egli, Universität Ljubljana I. Ferbezar, Universität Udine S. Kuri, Universität Budapest A. Majorosi.

10 IA IPR Versailles Wolf Halberstadt, TestDaF Gabriele Kecker, Université de Fribourg Schweiz Peter Lenz; Universität Klagenfurt Helga Lorenz; Goethe-Institut Paris Lothar Mader; Jagiellonian University Pologne (ex division linguistique COE) Waldek Martyniuk, CITO Niederlande Jose Noijons, Eurocentres Schweiz Brian North; Goethe-Institut München, Michaela Perlmann-Balme, Stefanie Steiner, Experte COE Eike Thurmann, CITO Niederlande Norman Verhelst.

11 Beispiele für die sechs Niveaustufen des *Gemeinsamen europäischen Referenzrahmens für Sprachen* sind abrufbar unter: http://www.coe.int/t/dg4/education/elp/elp-reg/CEFR_speaking_EN.asp#TopOfPage. Quelle: Trainingsmaterial.

12 www.alte.framework 2017.

Prüfungsentwicklung

1. Stellen Sie sicher, dass Ihre Prüfung sich auf ein theoretisches Konstrukt bezieht, z. B. auf ein Modell der kommunikativen Kompetenz.
2. Beschreiben Sie die Ziele der Prüfung sowie die Verwendungssituationen und die Adressaten, für die die Prüfung geeignet ist.
3. Definieren Sie die Anforderungen, die Sie an die Auswahl und das Training von Testkonstrukteuren stellen. Beziehen Sie das Urteil von Experten in Form von Gutachten sowohl in die Prüfungsentwicklung als auch in die Revision ein.
4. Stellen Sie sicher, dass die verschiedenen Testsätze einer Prüfung, die an unterschiedlichen Terminen durchgeführt werden, vergleichbar sind. Dies betrifft sowohl den Prüfungsinhalt und die Durchführung als auch die Notengebung, die Festsetzung der Bestehensgrenze und die statistischen Werte der Aufgaben.
5. Wenn Ihre Prüfung sich auf ein externes Referenzsystem bezieht (z. B. den *Gemeinsamen europäischen Referenzrahmen*), stellen Sie sicher, dass Sie diesen Bezug durch ein angemessenes methodisches Vorgehen nachweisen.

Durchführung und Logistik

6. Stellen Sie sicher, dass alle Prüfungszentren, die Ihre Prüfung durchführen, anhand von klaren und transparenten Kriterien ausgewählt werden und dass ihnen die Prüfungsordnung bekannt ist.
7. Stellen Sie sicher, dass die Prüfungsunterlagen in einwandfreier Form und auf sicherem Postweg an die lizenzierten Prüfungszentren verschickt werden, dass die Organisation der Prüfungsdurchführung einen sicheren und nachvollziehbaren Umgang mit allen Prüfungsunterlagen erlaubt und dass die Vertraulichkeit aller Daten und Unterlagen garantiert ist.
8. Stellen Sie sicher, dass Ihre Organisation der Prüfungsdurchführung eine angemessene Unterstützung der Kunden vorsieht (z. B. Telefon-Hotline, Internet-Service).
9. Gewährleisten Sie die Sicherheit und Vertraulichkeit der Prüfungsergebnisse und Zeugnisse sowie aller damit verbundenen Daten. Stellen Sie sicher, dass Sie die gültigen Datenschutzbestimmungen einhalten und dass Sie die Kandidaten über ihre Rechte – auch hinsichtlich Einsicht ihrer Prüfungsunterlagen – informieren.
10. Stellen Sie sicher, dass Sie bei der Durchführung Ihrer Prüfungen Vorkehrungen treffen für Kandidaten mit Behinderungen.

Bewertung und Benotung

11. Stellen Sie sicher, dass die Bewertung der Leistungen der Kandidaten so korrekt und zuverlässig ist, wie die Art der Prüfung es erforderlich macht.
12. Stellen Sie sicher, dass Sie einen Nachweis darüber erbringen können, wie die Bewertung durchgeführt wird, wie die Zuverlässigkeit der Bewertung hergestellt wird und wie Informationen über die Qualität der Prüferinnen/Prüfer/Bewerterinnen/Bewerter zum schriftlichen und mündlichen Ausdruck erfasst und analysiert werden.

Analyse der Ergebnisse

13. Führen Sie Erprobungen mit einer repräsentativen und angemessenen Population durch, um Daten zur Prüfung zu erhalten und zu analysieren. Weisen Sie nach, dass die Ergebnisse der Teilnehmenden eine Folge ihrer Leistungsfähigkeit sind und nicht durch andere Faktoren verursacht werden, wie z. B. Muttersprache, Herkunftsland, Geschlecht, Alter und ethnische Zugehörigkeit.
14. Stellen Sie sicher, dass die Erprobungsdaten für die statistischen Analysen (z. B. um die Schwierigkeit und die Trennschärfe der einzelnen Items und die Reliabilität sowie den Messfehler der gesamten Prüfung zu ermitteln) mithilfe von repräsentativen und angemessenen Populationen gewonnen werden.

Kommunikation mit Beteiligten

15. Stellen Sie sicher, dass Sie den Kandidatinnen/Kandidaten und den Prüfungszentren die Prüfungsergebnisse schnell und auf klare Weise mitteilen.
16. Informieren Sie Ihre Kunden (Testzentren, Kandidatinnen/Kandidaten) über den angemessenen Einsatz der Prüfung, die Prüfungsziele, den Nachweis, den die Prüfung erbringt, und über die Reliabilität der Prüfung.
17. Stellen Sie Ihren Kunden klare Informationen zur Verfügung, die es ihnen ermöglichen, die Ergebnisse zu interpretieren und den Leistungsnachweis angemessen zu verwenden.

Abbildung 5: Minimalstandards zur Sicherstellung von Qualität in Prüfungen der ALTE

Jedes Mitglied unterzeichnet den ALTE Code of Practice (1994) und verpflichtet sich mit dieser Unterschrift dazu, die gemeinsamen Richtlinien zur Qualitätssicherung einzuhalten. Alle Mitglieder verpflichten sich in ihrer Funktion als Prüfungsanbieter dazu, bei der Prüfungsentwicklung, Durchführung und Logistik, Bewertung und Benotung, Analyse sowie Kommunikation der Ergebnisse 17 Mindeststandards einzuhalten[13]. Die Einhaltung bzw. Umsetzung dieser Standards wird durch sogenannte ALTE Audits überprüft. Somit ist gewährleistet, dass das *Goethe-Zertifikat B2* nicht nur für den Zweck angemessen und auf dem neuesten Stand der Fachdiskussion ist, sondern auch dass Prüfungsteilnehmende gerecht behandelt werden.

2.3 Arbeitsschritte Entwicklung

Bei der Entwicklung des Testformats *Goethe-Zertifikat B2* wurde nach untenstehenden methodischen Schritten vorgegangen. Diese Schritte zusammen begründen die Validität der Prüfung im Sinne des „Validation Argument" von Michael Kane (2008).[14] Ziel des Goethe-Instituts bei dieser Entwicklung war es, sein weltweit angebotenes Prüfungsangebot kundenorientiert und auf dem neuesten Stand der Fachwissenschaft zu halten. Das bedeutet, die Prüfung sollte bei gleichem oder geringerem Zeitbedarf für die Teilnehmenden möglichst valider und zuverlässiger werden. Die *Europäische Erhebung zur Fremdsprachenkompetenz* von Schülerinnen und Schülern in Europa, *European Survey of foreign language competence* (ESLC)[15], bei der das Goethe-Institut die Testaufgaben für Deutsch beisteuerte, setzt neue Maßstäbe hinsichtlich einer Testmethodik für Testverfahren bei Schülerinnen und Schülern. Bei der Revision des *Goethe-Zertifikats B2* wurden gemeinsame Standards der fünf Sprachversionen implementiert. Die neue Sprachprüfung sollte außerdem flexibler auf dem internationalen Markt einsetzbar sein. Eine stärkere Umsetzung des Kompetenzprofils der Teilnehmenden sollte durch Modularisierung erreicht werden: In der neuen Prüfung können die vier Fertigkeiten separat oder – wie bisher – als Gesamtprüfung abgelegt werden. Schließlich sollten die *Goethe-Zertifikate B1* bis *C2* zu einem homogenen System zusammenwachsen.

13 © Association of Language Testers in Europe, Minimum Standards, Code of Practice Working Group, Übersetzung: Goethe-Institut 2007; http://www.alte.org/resources.

14 vgl. auch Bachman / Palmer (2010).

15 www.surveylang.org.

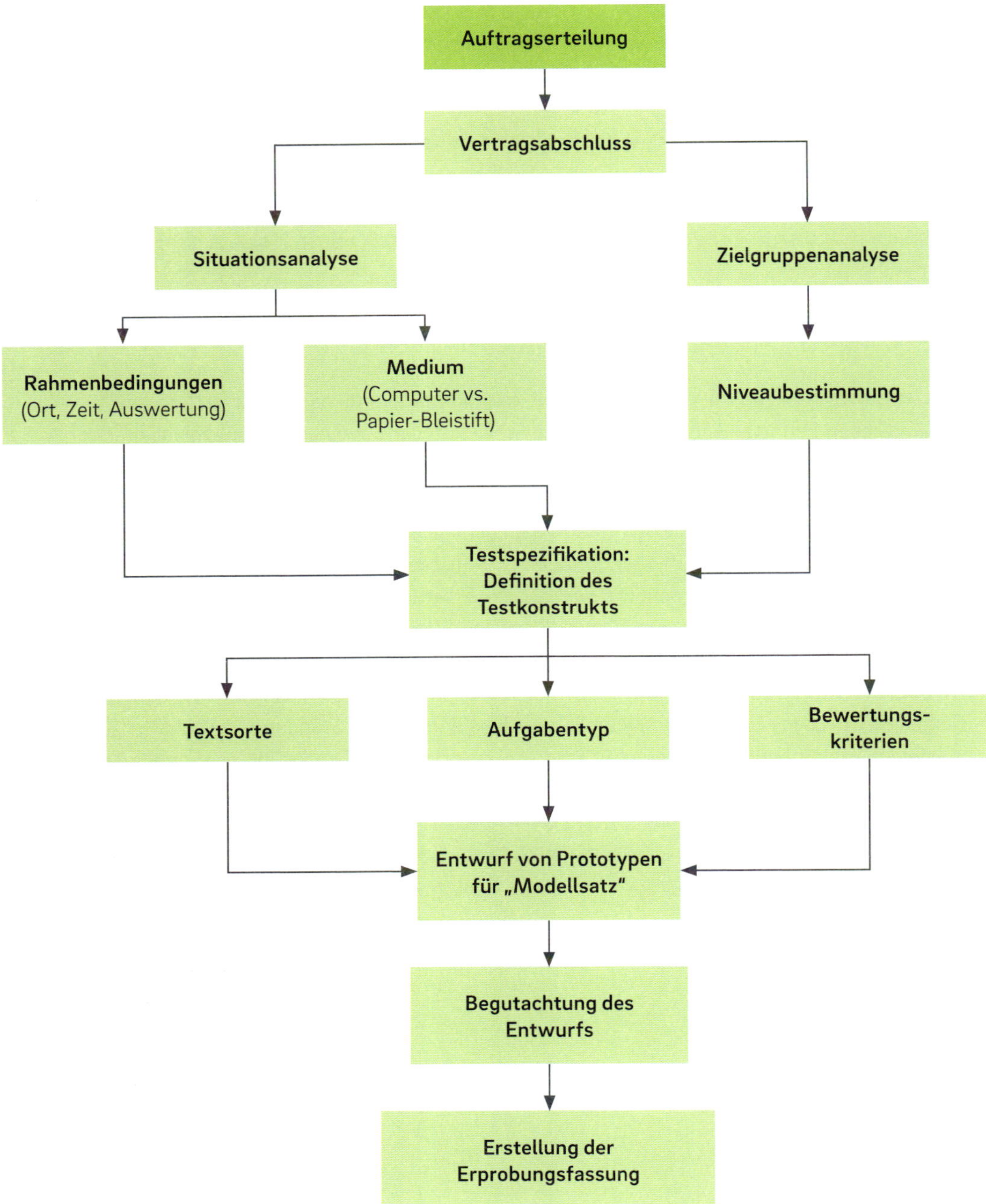

Abbildung 6: Arbeitsschritte der Testentwicklung

Digitalisierung

In dem Maße, in dem die Digitalisierung in der Gesellschaft voranschreitet und die technische Zuverlässigkeit einer computerbasierten Prüfungsdurchführung weltweit garantiert werden kann, entstand der Bedarf nach einer digitalen Version der Prüfung. Für die Prüfungsdurchführung sollten bei der digitalen Version der Prüfung so weit wie möglich dieselben Rahmenbedingungen gelten wie bei der papierbasierten. Wegen der differierenden technischen Bedingungen an den Prüfungszentren weltweit wurde für einen längeren Zeitraum eine parallele Durchführung auf Papier und Bildschirm geplant. Eine Varianz bei der Durchführung sollte auf der Basis neu erstellter Durchführungsbestimmungen (DFB)[16] weitestgehend eingeschränkt werden.

16 Abrufbar auf der Homepage des Goethe-Instituts bzw. des ÖSD unter: http://www.goethe.de/pruefungen bzw. http://www.osd.at/default.aspx?SIid=9&LAid=1.

Zielgruppenadäquatheit

Eine Analyse der Zielgruppen an den Prüfungszentren ergab, dass der Bedarf an international anerkannten Zertifikaten für jüngere Lernende in den letzten Jahren weltweit gewachsen ist. Daher soll nicht nur den Erwachsenen, sondern auch den Jugendlichen ein modernes Prüfungsangebot auf dem Niveau B2 zur Verfügung gestellt werden. Die Zielgruppe der angehenden Studierenden hat stark zugenommen. Inzwischen ist das Niveau B2 zum verbreitetsten Zugangsniveau an Universitäten in Europa avanciert.[17] Das *Goethe-Zertifikat B2* orientiert sich bei der Wahl der Themen, Textsorten und Aufgaben an den sprachlichen Alltagsbedürfnissen von jugendlichen bzw. erwachsenen Lernenden. Teilnehmende sollen zeigen, dass sie den vielfältigen Anforderungen der realen Welt gewachsen sind. Es wurden Themen und Inhalte gewählt, die für sie persönlich relevant sind und sich an ihrer Lebenswelt orientieren. Die Aufgaben sind handlungsorientiert und an den Bedürfnissen der Lernenden orientiert, in dem Sinne, dass die Prüfungsteilnehmenden Erfahrungen dazu mitbringen.[18]

Validität

Für die rezeptiven Module wurde einerseits auf bewährte Formate der bisherigen *Goethe-Zertifikate* zurückgegriffen, andererseits wurden Aufgabentypen aus der *Europäischen Erhebung zur Fremdsprachenkompetenz*[19] adaptiert. Mit den in Kapitel 2.3 beschriebenen methodischen Schritten der Testerstellung und -auswertung und mit der detaillierten Beschreibung des Konstrukts wurde sichergestellt, dass die Tests gleichbleibend aussagekräftig sind und eindeutig interpretiert werden können.

Reliabilität

Um verlässliche Aussagen über das sprachliche Können der Teilnehmenden treffen zu können, wird in jedem für sich stehenden Modul eine größtmögliche Zahl an unabhängigen Messungen vorgenommen. Bei der Bewertung der produktiven Leistungen wird durch den Einsatz von jeweils zwei zertifizierten Bewertenden ein hohes Maß an Verlässlichkeit der Ergebnisse erzielt.

Wash-Back

Bei der Wahl der Themen, Textsorten und Aufgaben wurde berücksichtigt, dass die Prüfung einen positiven Einfluss auf die Inhalte von vorbereitenden Sprachkursen und Lehr-Lern-Materialien haben soll.

Praktikabilität

Bei der Einführung einer digitalen Version der Prüfung muss zunächst die entsprechende Infrastruktur an den Prüfungszentren geschaffen werden. Daher wird ein mehrschrittiger Prozess geplant. Dabei gehen die Goethe-Institute voran, die Institutionen in Prüfungspartnerschaft folgen bei der technischen Ausrüstung der Prüfungszentren sowie bei der personellen Ausstattung. Ein großer Teil der 500 autorisierten Testzentren ist bereit und in der Lage, die neue Prüfung digital zeitgleich mit der Papierversion anzubieten. In allen anderen Zentren wird die Prüfung in ihrer digitalen Version nach und nach implementiert.

17 vgl. Dygers, Zeidler u. a. (2017).
18 vgl. Dorothe Salomo (2014b), S. 8.
19 vgl. European Commission (2012).

2.4 Erstellung der Testversionen

Um eine Prüfung regelmäßig weltweit anbieten zu können, wird eine größere Anzahl an Testversionen, die in Struktur und Schwierigkeitsgrad gleich sind, erstellt. Gemäß Minimalstandard 4 der ALTE müssen die Testversionen miteinander vergleichbar sein.[20] Technische Grundlage für die Vergleichbarkeit des Prüfungsinhalts und der Schwierigkeit von Version zu Version ist das Vorhandensein einer Itembank. Dort lagern die erprobten und verabschiedeten Testaufgaben. Das folgende Schema erläutert die Schritte der Qualitätssicherung im Erstellungsprozess, nach dem alle Testversionen entstehen.

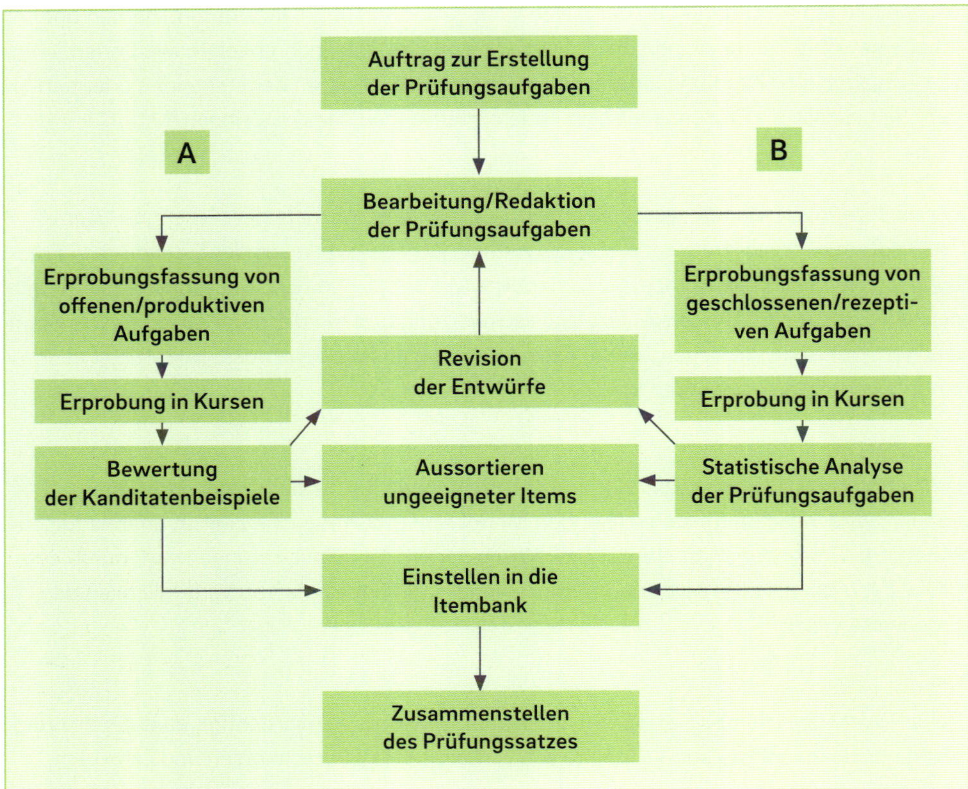

Abbildung 7: Erstellungsprozess für Testversionen

Am Prozess der Itemproduktion sind Testautorinnen und -autoren, Gutachter/-innen und zuständige Redakteurinnen und Redakteure beteiligt. Alle Beteiligten sind durch langjährige Erfahrung mit dem Sprachniveau B2 vertraut.

Für die Auswahl der den Aufgaben zugrunde gelegten Texten und Situierungen waren die Testentwickler/-innen verantwortlich. Das Erstellen von Prüfungsaufgaben wurde von ausgebildeten Testautorinnen und -autoren mit Lehrerfahrung in Kursen auf der Niveaustufe B2, teilweise auch Erfahrung als Lehrwerksautorinnen und -autoren, übernommen. Für die Auswahl geeigneter Materialien aus einem breiten Sortiment von relevanten Quellen wie z. B. Internet, Zeitungen, Zeitschriften, Broschüren und Radiosendungen erhielten die Testautorinnen und -autoren detaillierte Vorgaben in Form von Handreichungen. Als Maßgabe für die sprachliche Grundlage entsprechend dem Niveau B2 erhalten Testautorinnen und -autoren außerdem die Inventare zu Wortschatz und Grammatik. Testentwürfe werden durch mindestens zwei fachlich versierte Gutachter/-innen mithilfe einer Checkliste eingeschätzt. Ein

20 vgl. Kapitel 2.2, S. 15.

Redaktionsteam führt Testredaktionssitzungen zur Verabschiedung der Erprobungs- und Endfassungen durch. Es entscheidet, ob ein Item angenommen, abgelehnt oder zur Überarbeitung vorgesehen wird. Ist eine Überarbeitung notwendig, nimmt das Redaktionsteam diese entweder sofort vor oder es gibt – bei mehr Zeitbedarf – bei den Testautorinnen und -autoren eine Überarbeitung in Auftrag. Ergebnis der Sitzung ist eine verabschiedete Erprobungs- oder Endfassung. Die/Der Prüfungsreferent/-in veranlasst das Einstellen der verabschiedeten Items in der Erprobungsbank. Prüfungsaufgaben, die die Erprobung erfolgreich durchlaufen haben, werden in die sogenannte Live-Bank eingestellt. Damit steht die Aufgabe für eine Verwendung in einer Echtprüfung zur Verfügung. Je nach Bedarf werden damit neue Testversionen zusammengestellt.

2.5 Qualitative Validierung

Der sogenannte Modellsatz ist der erste Prüfungssatz und damit der Prototyp. Nach diesem Format von Fertigkeiten, Teilen, Aufgaben, Items, Antwortformaten und Zeitlimits werden alle weiteren Testversionen erstellt. Der Prototyp wurde einer Reihe von Validierungsschritten unterzogen, die darauf abzielen, das Testformat zu optimieren. Dazu zählen qualitative Verfahren wie auch quantitative bzw. empirische Methoden. Qualitative Daten werden in drei Formaten gesammelt und ausgewertet:

- schriftliche Gutachten,
- strukturierte Rückmeldungen von Teilnehmenden auf Evaluationsbogen sowie
- Urteile von Lehrenden, ebenfalls strukturiert auf Evaluationsbogen.

Gutachten

Die qualitative Begutachtung der konzipierten Aufgaben wurde von vier externen Gutachtern/-innen vorgenommen. Die Jugendversion begutachteten Gabriele Kniffka (Pädagogische Hochschule Freiburg) sowie Rüdiger Grotjahn (ehemals Universität Bochum). Die Version für Erwachsene begutachteten zwei Mitglieder der *Association of Language Testers in Europe* (ALTE), beide verfügen über eine kompetente Beherrschung von Deutsch als Fremdsprache, sind also keine Muttersprachler/-innen: aus Slowenien von der Universität Ljubljana Ina Ferbezar und aus Polen von der Universität in Krakau Waldemar Martyniuk.

Deutschsprachige Vergleichsgruppen

Erprobungen mit muttersprachlichen Vergleichsgruppen wurden vorgenommen, um die Validität des Tests zu untermauern. Dabei werden sprachliche Schwierigkeiten von anderen Anforderungen, z. B. kognitiven, separiert. Für die Exploration des Lösungsverhaltens und -erfolgs von Muttersprachlerinnen/-sprachlern wurden die deutschsprachigen Erwachsenen und Jugendlichen gebeten, die Hör- und Leseaufgaben des jeweiligen Modellsatzes zu bearbeiten. Ziel dieses Entwicklungsschritts war es, zusätzliche Evidenz für die Validität der Hör- und Leseaufgaben zu erhalten. Im Fokus stand dabei die Performanz der Aufgaben, weniger die der Teilnehmenden. Dabei ging es vor allem um die Validierung der Aufgabenformate, nicht so sehr um einzelne Items.

Die deutschsprachigen Vergleichsgruppen setzten sich wie folgt zusammen:

- Gruppe 1 erwachsene (n=18) Volontärinnen und Volontäre, Alter circa 25 bis 30 Jahre,
- Gruppe 2 jugendliche (n=25) Schülerinnen und Schüler der siebten Klasse, Alter circa 12 Jahre, Gymnasium Roth,
- Gruppe 3 jugendliche (n=22) Schülerinnen und Schüler der elften Klasse, Alter circa 16 Jahre, Gymnasium Roth.

Nach der Bearbeitung der Testaufgaben konnten sich die Untersuchungsteilnehmenden mündlich oder schriftlich zu ihrem Vorgehen äußern und die bearbeiteten Aufgaben auf einem Evaluationsformular kommentieren. Eine Analyse der Beobachtungen beider Gruppen erlaubte es, konkrete Vorschläge für die Revision des Erprobungssatzes, für die Konstruktion neuer Aufgaben und für die Durchführung der Prüfung zu formulieren. Einzelne Aufgaben, die inhaltlich als problematisch benannt wurden und auch beim Lösungsverhalten auffällig waren, wurden für die Endfassung verändert oder entfernt.

Validierung der Bewertungskriterien zu den produktiven Leistungen

Um besser zu verstehen, wie Bewertungskriterien beschaffen sein müssen, damit sie möglichst faire, objektive und reliable Beurteilungen ermöglichen und zu aussagekräftigen Leistungsbewertungen führen, wurden die entwickelten Bewertungskriterien von einer aus zwölf erfahrenen Lehrkräften und Expertinnen/Experten zusammengesetzten Bewertendengruppe angewendet. Überprüft werden sollte unter anderem, ob sich eine hohe Übereinstimmung zwischen den Bewertenden ergibt (Interrater-Reliabilität). Befunde dieser Untersuchung flossen in den Entwicklungsprozess der Kriterien ein und trugen dazu bei, die Qualität der Bewertungskriterien sowie der Trainingsmaterialien für Bewertende zu optimieren.

Schreiben

Zur Validierung des Moduls *Schreiben* wurde die Aufgabenstellung auf Verständlichkeit und Realitätsbezug hin erprobt. Dazu wurden Leistungsbeispiele aus den an der Erprobung teilnehmenden Ländern verwendet. An der Erprobung nahmen die in Kapitel 2.6 aufgeführten Prüfungszentren teil und darüber hinaus Kursteilnehmende der Volkshochschule München sowie Schülerinnen und Schüler der französischen Schule München, Lycée Jean Renoir.[21] Die Leistungsbeispiele aus dem Ausland waren in einer ersten Stufe von der jeweiligen Lehrkraft bewertet. In der zweiten Stufe nahmen neun Expertinnen und Experten aus dem Fachbereich Prüfungen der Zentrale, externe Autorinnen/Autoren sowie eine Lehrkraft aus Kiew mithilfe der zentral erstellten Bewertungskriterien eine zweite Bewertung vor.[22] Ziel dieses Verfahrens war neben der Untersuchung der Praktikabilität der Bewertungskriterien eine Auswahl geeigneter Beispiele für Trainingszwecke. Die so gewonnenen Beispiele dienen zur Aus- und Fortbildung von Prüfenden und können sowohl in Seminaren wie auch zum Selbstlernen eingesetzt werden. Im Mittelpunkt des Trainingsprogramms steht der richtige Umgang mit den Bewertungskriterien des Prüfungsmoduls *Schreiben*. Ziel der Schulung ist eine Standardisierung der Bewertung dieses Prüfungsmoduls.

Sprechen

Bei der Validierung des Moduls *Sprechen* war die Vorgehensweise analog der Validierung der Schreibaufgaben und Bewertungskriterien. Durchgeführt wurde die Erprobung der Aufgabenstellung auf Verständlichkeit und Realitätsbezug mithilfe von Filmaufnahmen. Dafür stellten sich jugendliche Schülerinnen und Schüler der französischen Schule, Lycée Jean Renoir München, sowie dem Wilhelm Hausenstein Gymnasium in München zur Verfügung. Die erwachsenen Teilnehmenden aus europäischen, afrikanischen und südamerikanischen Ländern besuchten einen Kurs am Goethe-Institut München bzw. der Volkshochschule München. Die erste und zweite Bewertung wurde jeweils durch das Entwicklerteam, durch elf teilweise externe Expertinnen und Experten sowie durch praktizierende Lehrkräfte vorgenommen.[23] Eine Auswahl geeigneter Beispiele diente der Erstellung von Trainingsmaterialien für Bewertende.

---

21 Wir bedanken uns an dieser Stelle bei den Lehrpersonen Gudula Bieber-Reynartz und Sylvie Houitte-Testorf für ihre Unterstützung. Die Aufgaben waren den Teilnehmenden zum Zeitpunkt der Erprobung noch nicht bekannt.

22 Bewerterinnenteam: Alina Feoktistova, Goethe-Institut Kiew; Margret Rodi, Frauke van der Werff, freie Autorinnen, Berlin; Stefanie Dengler, Evelyn Frey, Ekaterini Karamichali, Katharina Klein, Michaela Perlmann-Balme, Claudia Stelter, Goethe-Institut, Abteilung Sprache, Zentrale.

23 Bewerterteam: Goethe-Institut, Zentrale, Abteilung Sprache, Fachbereich Prüfungen: Stefanie Dengler, Evelyn Frey, Linda Fromme, Sarah Goerke, Ekaterini Karamichali, Katharina Klein, Eva Korb, Michaela Perlmann-Balme, Claudia Stelter; Goethe-Institut Athen: Uta Loumiotis; freie Autorin: Margret Rodi.

2.6 Quantitative Validierung

Quantitative Daten werden durch Erprobungen gewonnen. Ein wichtiger Schritt zur Qualitätsverbesserung der Testentwürfe ist daher die Erprobung vor dem Einsatz als echte Prüfung. Ziel der quantitativen Verfahren ist es, anhand einer repräsentativen Gruppe herauszufinden, in welchem Maße die Prüfungsmaterialien im Hinblick auf Inhalt, Schwierigkeitsgrad und Trennschärfe angemessen sind. Empirisch gemessen wird also, wie schwer die rezeptiven Module sind und ob die Aufgaben angemessen in Teilgruppen unterschiedlicher Leistungsfähigkeit differenzieren. Die Ergebnisse dieser Probeläufe werden ausgewertet und analysiert. Durch diese Probeläufe werden auch Erkenntnisse über Praktikabilität und Akzeptanz gewonnen.

Erprobung

Die beiden Modelltests, Jugend- und Erwachsenenversion, wurden in den Jahren 2016 und 2017 unter Prüfungsbedingungen bei Prüfungspartnerinstitutionen im In- und Ausland erprobt. Bei der Auswahl der Zentren wurde darauf geachtet, dass eine repräsentative geografische Streuung gewährleistet war. Die Erprobung der Jugendversion fand mit einer repräsentativ zusammengesetzten Gruppe von 151 Teilnehmenden an Prüfungszentren in verschiedenen europäischen Ländern statt.[24] Die Erwachsenenversion wurde in Europa und außerhalb Europas erprobt.[25] Alle Lösungen der 305 erwachsenen und 151 jugendlichen Teilnehmenden zum *Lesen*, *Hören* und *Schreiben* wurden erfasst und statistisch analysiert. Beim Modul *Schreiben* wurden zu eingereichten Leistungsbeispielen Musterbewertungen angefertigt. Die Aufgaben zum *Sprechen* wurden mit Kursteilnehmenden aus der Volkshochschule und dem Goethe-Institut, beide in München, ausprobiert. Zu allen Teilen wurden die erprobenden Lehrkräfte bzw. Durchführenden um qualitative Einschätzungen der Prüfungsaufgaben in Form eines Fragebogens gebeten. Sie beurteilten die vorgelegten Erprobungsfassungen für Erwachsene und Jugendliche inhaltlich mit Blick auf die Akzeptanz durch ihre Teilnehmenden mehrheitlich positiv: Von allen an der Erprobung teilnehmenden Lehrkräften beurteilte nur eine die Module *Lesen*, *Hören* und *Schreiben* „negativ", bei den Jugendlichen waren es für das *Lesen* zwei und das *Schreiben* drei. Demgegenüber beurteilten vierzehn die Module *Lesen* und *Hören* insgesamt positiv.

Statistische Analyse

Die Ergebnisse der quantitativen Analysen bilden die Basis für die Erfüllung des Standards 14 der ALTE Mindeststandards: „Stellen Sie sicher, dass die Erprobungsdaten für die statistischen Analysen mithilfe von repräsentativen und angemessenen Populationen gewonnen werden"[26] (um die Schwierigkeit und die Trennschärfe der einzelnen Items und die Reliabilität sowie eventuelle Messfehler der gesamten Prüfung zu ermitteln).

Mithilfe der statistischen Analysen war es außerdem möglich, die Erprobungsergebnisse in Relation zum Zielniveau B2 zu setzen und zu garantieren, dass die vorgelegten Materialien dem Niveau B2 entsprechen. Letzteres wird dadurch gewährleistet, dass die zu lösenden Aufgaben in Beziehung zu sogenannten Ankern gesetzt werden. Die Schwierigkeitswerte dieser Anker wurden im *ALTE Can do Project* für eine Reihe von europäischen Sprachen, beispielsweise Englisch, Deutsch und Italienisch, parallel gewonnen.[27] Der Modellsatz und seine Werte dienen als Vergleichsgröße für weitere Testversionen. Jede Version der Prüfung soll – abgesehen von einer durch Messfehler verursachten Marge – dieselbe Schwierigkeit haben. Im Sinne einer Qualitätssicherung wurde nach der Analyse entschieden, welche Testitems in die Druckfassung des Modellsatzes aufgenommen werden bzw. welche Änderungen gegebenenfalls an Aufgaben vorgenommen werden.

24 Prüfungszentren: Athen, Kiew, Pardubice, Paris, Rom und Thessaloniki.
25 Prüfungszentren: Asunción, Athen, Belgrad, Brno, Jaunde, Kairo, Lille, Lodz, Pardubice, Parma, Pune, Shanghai, Thessaloniki, Valencia, Varna, Winterthur und Zielona Góra.
26 vgl. Kapitel 2.2, S. 16.
27 vgl. Europarat (2001), Appendix D, S. 232-244.

Für die Analysen wurden sowohl Item-Response-Verfahren (IRT) als auch klassische Analyseverfahren eingesetzt. Um eine Rasch-Analyse vornehmen zu können, wurden bei den Erprobungen Anker als Bezugspunkte eingesetzt. Durch diese Methode ist es möglich, eine zutreffende Niveaubestimmung der neuen Testaufgaben, unabhängig von der relativen Stärke oder Schwäche der Probandinnen/Probanden, zu gewährleisten.

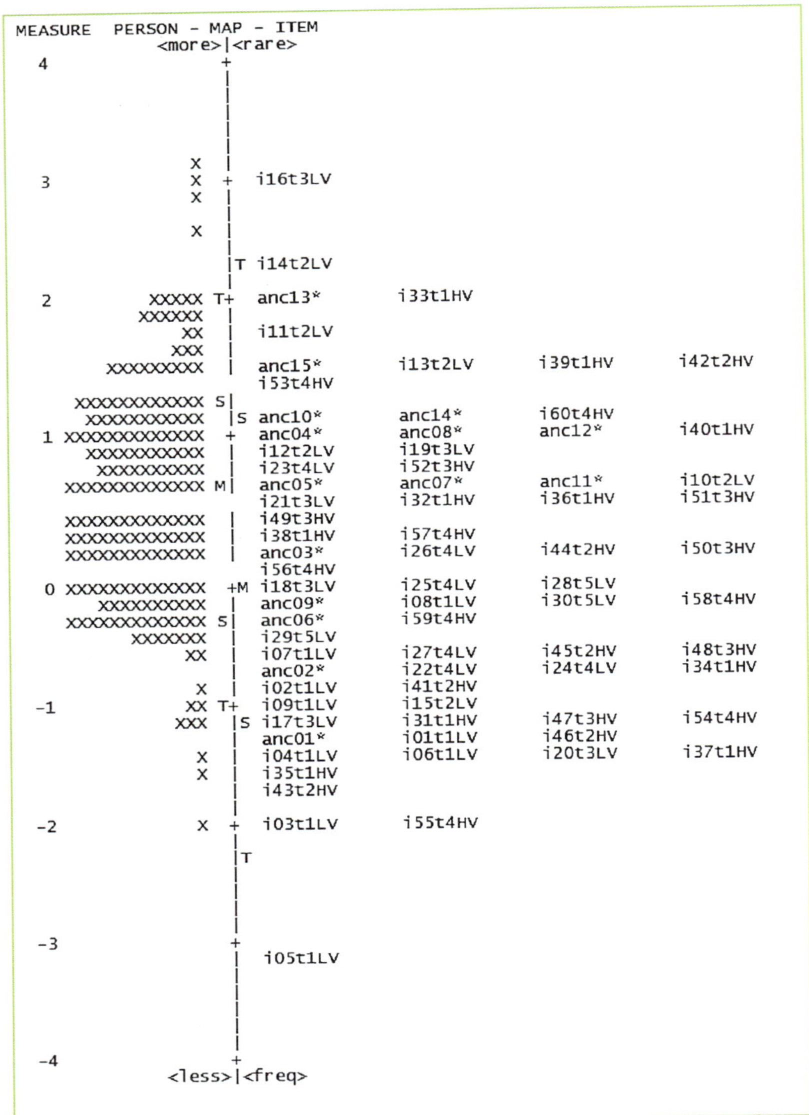

Abbildung 8: Ergebnis der zweiten Erprobung *Goethe-Zertifikat B2 Lesen* und *Hören*, Modellsatz Erwachsene, 2016

Da bei dieser Revision das Schwierigkeitsniveau auf exakt demselben Niveau gehalten werden sollte, wurde eine zweite Erprobung mit teilweise verbesserten Aufgaben vorgenommen. Abbildung 8 führt eine Visualisierung der Ergebnisse dieser zweiten Erprobung vor. Sie zeigt, dass die meisten Lese- und Höraufgaben der Erprobungsfassung vom Schwierigkeitsgrad richtig platziert sind. Nur vereinzelte Items sind zu einfach (Item 5 in *Lesen* Teil 1) oder zu schwer (Item 16 in *Lesen* Teil 3). Neben der Anzahl von richtigen Lösungen wurde die Trennschärfe der Items untersucht, also wie häufig starke oder schwache Teilgruppen der Erprobungspopulation die Aufgaben richtig gelöst haben. Richtwert ist dabei, dass Aufgaben möglichst einen Point-Biserial-Wert zwischen 0.25 und 0.8 aufweisen sollten.[28] Im Anschluss an diese Analysen wurden die Testitems sortiert nach solchen, die als in der Schwierigkeit angemessen eingeschätzt werden, und solchen, die als zu schwierig oder zu leicht klassifiziert werden. Einzelne Aufgaben wurden an die Testredaktion zur redaktionellen Bearbeitung zurückgegeben (siehe Seite 21). Außer einer statistischen Betrachtung der einzelnen Aufgaben errechnen die Analysen Indikatoren für die Qualität der Module *Lesen* und *Hören*. Deren Reliabilität drückt sich als Cronbach-Alpha-Wert aus:

	Angezielt	**Erreicht** Erwachsene	**Erreicht** Jugendliche
Reliabilität Gesamtprüfung Cronbach Alpha	0,80	0,89	0,85

Abbildung 9: Reliabilität der Modellsätze *Goethe-Zertifikat B2*

2.7 Digitale Testversion

Neben der herkömmlichen Version als Prüfung auf Papier erscheint das *Goethe-Zertifikat B2* als digitale Version.[29] Ziel ist dabei neben der Aufrechterhaltung eines modernen Images und der Ansprache jüngerer Prüfungsteilnehmenden auch die Steigerung des Komforts, eine Arbeitserleichterung am Prüfungszentrum sowie die Erhöhung von Sicherheit und Qualität. Das Angebot einer digitalen Testversion soll die kurzfristigere Organisation von Prüfungsterminen an Prüfungszentren ermöglichen und so zu einem flexibleren Kundenangebot führen. Die Abwicklung der Logistik erfolgt per Knopfdruck, d. h. am Prüfungszentrum wird die Arbeit erleichtert. Die automatisierte Auswertung sowie Ergebnisübertragung optimiert Prozesse vor Ort, die bisher oft noch manuell stattfinden. Fehler bei der Errechnung und Übertragung von Ergebnissen können vermieden werden. Die Bewertung des Moduls *Schreiben* kann online erfolgen, was für mehr Komfort in der Organisation und eine flexiblere Zeiteinteilung auf Seiten der Bewertenden sorgt. Auch dem an einigen Standorten existierenden Mangel an Prüfenden kann so entgegengewirkt werden, da nun von einem anderen Ort aus bewertet werden kann.

Die Verwendung von Kopfhörern ist für Prüfungsteilnehmende von Vorteil, da sie die Lautstärke während des Moduls *Hören* individuell regeln können. Im Modul *Schreiben* hilft die Tastatur, problemlos Texte zu überarbeiten. Das Schriftbild der digitalen Version ist bei allen Teilnehmenden gleich, d. h. bei der Bewertung werden gleiche Bedingungen für alle geschaffen – die Fairness erhöht sich. Zudem können die Module *Lesen* und *Hören* deutlich einfacher ausgewertet und die Ergebnisse den Teilnehmenden schneller zugänglich gemacht werden. Die digitale Testausspielung ermöglicht es außerdem, dass Prüfungsteilnehmenden unterschiedliche Versionen einer Prüfung ausgespielt werden (z. B. durch ständiges Mischen der Antwortoptionen).

Bei der Testerstellung, die innerhalb der neuen Plattform erfolgt, kann flexibel und schnell auf neue Anforderungen reagiert werden (z. B. wenn Aufgaben oder Prüfungssätze nicht mehr verwendet werden dürfen oder Aufgaben aktualisiert werden müssen). Dadurch erhöhen sich Sicherheit und Qualität der Prüfungen.

28 Point Biseral ist eine Korrelation der Ergebnisse aller Kandidaten bei einem Item im Vergleich zu dem Ergebnis eines Kandidaten im Gesamttest. Verglichen wird die sog. high-scoring-Gruppe (etwa oberes Drittel bezogen auf ihre Testergebnisse) und die low-scoring-Gruppe (etwa unteres Drittel).

29 Das Projekt Digitale Deutschprüfungen (DDP) startete 2016 mit einer öffentlichen Ausschreibung. Nach Prüfung der Bewerbungen fiel die Wahl auf den IT-Dienstleister Zoe Solutions in Österreich, der eine modulare Software zur Testerstellung, Testausspielung und Testauswertung erstellte.

Die Testplattform besteht aus den drei Modulen Testerstellung, Testausspielung und Testauswertung, die in folgender Grafik im Zusammenspiel mit ihren Schnittstellen dargestellt sind:

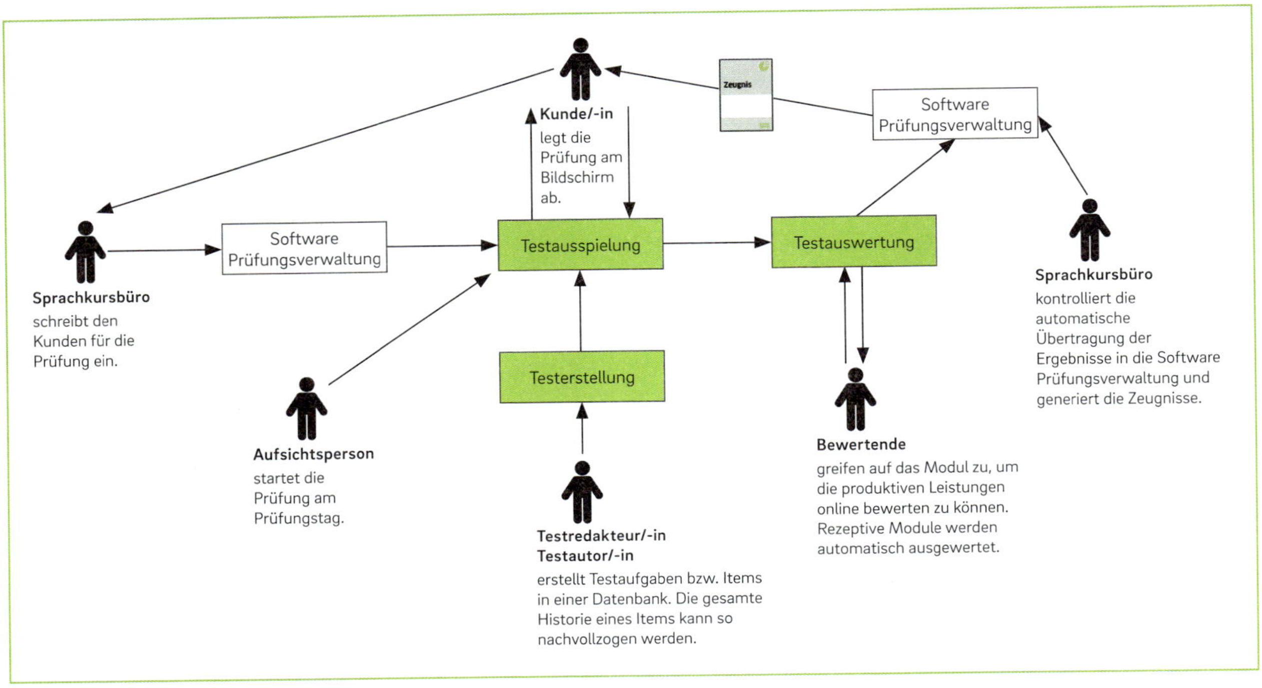

Abbildung 10: Die digitale Testplattform

Das Modul Testerstellung besteht aus einer Itembank, über die Testautorinnen und -autoren auf die Software zugreifen können und anhand vorgefertigter Templates Testaufgaben erstellen. Die Itembank ist das Herzstück der speziell angefertigten Plattform, hier liegen alle Versionen der Aufgaben sowie die dazugehörigen statistischen Werte und andere Metadaten. Auf diesen Aufgabenpool greift das Modul Testausspielung zu, wenn den Prüfungsteilnehmenden Testaufgaben am Bildschirm angezeigt werden. Durch die Verknüpfung der beiden Systeme Itembank und Testausspielung wird eine schnelle und einfache Mischung von Aufgaben möglich. Ist der Test abgeschlossen und alle Antworten eingegeben, erfolgt die Auswertung entweder automatisiert bei *Lesen* und *Hören* oder über eine menschliche Bewertung bei *Schreiben* und *Sprechen*. Bewertende greifen dann auf das Modul Testauswertung zu und bewerten am Bildschirm die schriftlichen Prüfungsleistungen[30]. Auch das Modul *Sprechen* wird teildigitalisiert. Das bedeutet, dass die Prüfung face-to-face stattfindet und die Bewertung über ein Tablet eingegeben wird, was den Prozess der Ergebnisübertragung beschleunigt.

Diese modulare Plattform wurde an die Bedürfnisse des Goethe-Instituts angepasst. Wichtig war hier vor allem die Integration der Plattform in die Systemarchitektur des Goethe-Instituts (z. B. der Aufbau der Schnittstelle zur Prüfungs- und Sprachkursverwaltungssoftware). Im August 2017 fand ein erster Usability-Test statt, der zum Ziel hatte, die Nutzeroberfläche hinsichtlich technischer Funktionen, Layout und Design sowie Navigation zu evaluieren. Daran nahmen 14 Teilnehmende aus zwölf Ländern (Afghanistan, China, Deutschland, Israel, Kanada, Moldawien, Peru, Philippinen, Serbien, Syrien, Ukraine, Vietnam) teil. Mithilfe moderierter qualitativer einstündiger Einzelinterviews, der Bearbeitung szenariobasierter Aufgabenstellungen und dem ergänzenden Einsatz eines Eyetrackers wurde ein Katalog mit Empfehlungen zur Optimierung des Systems erstellt, der in der Folge nach und nach umgesetzt wurde.

30 vgl. S. 69

Anhand der System Usability Scale (SUS) – ein standardisierter Fragebogen zur Bewertung der Usability – wurde ein Gesamtscore von 78,0 ermittelt. Der Durchschnittswert von SUS-Bewertungen liegt bei circa 65 bis 68.

Ein weiterer Meilenstein im Projekt war die Pilotierung des Gesamtsystems mit 120 Teilnehmenden an den sechs Goethe-Instituten Seoul, Tokyo, Moskau, Athen, München und Mannheim im März und April 2018. Ziel dieser Testphase war die Feststellung, an welchen Endgeräten, also Tablets und Laptops, der Test optimal funktioniert, wie sich Prozesse vor Ort verändern und welche infrastrukturellen Voraussetzungen für die Einführung digitaler Prüfungen gegeben sein müssen. Nach der Evaluation der Pilotierung folgte im August 2018 als letzter Meilenstein die Abnahme des Gesamtsystems. Ab 2019 beginnen Rollout und Implementierung der neuen Software an den Prüfungszentren des Goethe-Instituts.

2.8 Barrierefreie Testversionen

Die Bundesrepublik Deutschland ist eine Vorreiternation auf diesem Gebiet, die bereits im Jahr 2002 ein Behindertengleichstellungsgesetz ins Leben rief. Im Jahr 2009 gehörte Deutschland zu den ersten Unterzeichnernationen der Behindertenrechtskonvention (hier Artikel 24) der Vereinten Nationen. In der Folge entstand die „barrierefreie Informationstechnik-Verordnung“ (BITV). Jeder (körper-)behinderten Person soll der Zugang zu allen Bildungs- und Prüfungsmöglichkeiten – gedruckt und im Internet – ohne Barrieren („barrierefrei“) ermöglicht werden.

In Bezug auf Sprachprüfungen hat die ALTE den Mindeststandard 10 den besonderen Bedürfnissen behinderter Prüfungsteilnehmenden gewidmet: „Stellen Sie sicher, dass Sie Vorkehrungen für Menschen mit Behinderung treffen.“ Seit 2012 bietet das Goethe-Institut seine Deutschprüfungen für behinderte Prüfungsteilnehmende „barrierefrei“ an. „Barrierefrei“ heißt, dass Personen mit folgenden (Körper-)Behinderungen die Prüfung *Goethe-Zertifikat B2* ablegen können:

- Blinde,
- Sehbehinderte,
- Hörbehinderte und Gehörlose,
- motorisch Behinderte.

Blinde Prüfungsteilnehmende können – je nach Gewohnheit – auf ein gedrucktes oder digitales Angebot zugreifen. Die Prüfungsmaterialien stehen gedruckt in Blindenschrift (Braille) zur Verfügung. Die behinderten Prüfungsteilnehmenden füllen die Antwortbogen in Blindenschrift aus. Die Antwortbogen werden danach beim Bayerischen Blinden- und Sehbehindertenbund in Schwarzschrift übertragen und können dann im regulären Verfahren bewertet werden. Prüfungsteilnehmende, die ihre Prüfung lieber am Computer ablegen, erhalten einen barrierefrei programmierten digitalen Prüfungssatz, der screen-reader-fähig ist. Die Prüfungsteilnehmenden können sich Texte und Aufgaben von geschriebener in gesprochene Sprache transformieren lassen und bearbeiten den Prüfungssatz dann am Computer. Der Ausdruck der Antwortbogen erfolgt in normaler Schwarzschrift und kann von den Prüfenden bewertet werden.

Für **sehbehinderte** Prüfungsteilnehmende stehen in gedruckter Form vergrößerte Prüfungssätze zur Verfügung. Digital sind die Schriftbilder in beliebige Größe „dehnbar".

Gehörlosen Prüfungsteilnehmenden wird das Modul *Hören* in Gebärdensprache als Video angeboten. Das Modul *Sprechen* kann mithilfe eines Gebärdendolmetschers abgelegt werden.

Hörbehinderte Prüfungsteilnehmende können das Modul *Hören* mittels Kopfhörer in beliebiger Lautstärke anhören und zusätzlich – falls nötig – als Lippenlesevideo bearbeiten.

Motorisch behinderte Prüfungsteilnehmende, die z. B. eine spastische Einschränkung oder eine Schüttellähmung haben, arbeiten digital im Modus „mausunabhängige Tastatur" und füllen die Antwortbogen mittels eigens programmierter Sprungmarken aus.

Auch Personen, die im engeren Sinn nicht als „körperbehindert" gelten (z. B. an Legasthenie, Dyslexie oder Autismus leiden), wird der Zugang zum *Goethe-Zertifikat B2* ermöglicht, indem Zeitverlängerungen oder andere Sonderbedingungen eingeräumt werden.

Zur Prüfungsvorbereitung auf das *Goethe-Zertifikat B2* wird online auf der Homepage des Goethe-Instituts ein barrierefreies Training für die hier genannten Zielgruppen angeboten. Das Prüfungstraining B2 ist wie die Prüfung selber barrierefrei, also z. B. stretchable und screen-reader-fähig, mit Gebärden- und Lippenlesevideos ausgestattet etc. und darüber hinaus interaktiv. Am Ende jedes Übungsmoduls erfährt die/der Übende, wie viele Punkte sie/er in einer Echtprüfung erreicht und ob sie/er die Prüfung bestanden hätte.

3 Zielgruppen

Die B2-Prüfung nimmt mit jährlich circa 35.000 Teilnehmenden Platz vier der am häufigsten abgelegten Prüfungen des Goethe-Instituts ein. Die aktuelle Zusammensetzung der Zielgruppe für das *Goethe-Zertifikat B2* wurde im Zuge von zwei Erprobungen der Prüfungsaufgaben sowie durch eine Umfrage bei Mitarbeitenden der B2-Prüfungszentren ermittelt.[31] Bei der Fortschreibung der Prüfungsversionen wird darauf geachtet, dass die Teilnehmenden an der Erprobung („sample") ähnlich zusammengesetzt sind wie die hier beschriebene Population. Zusammen mit den zu erprobenden Prüfungsaufgaben wurde der „Fragebogen für Erprobungsteilnehmende" ausgegeben. Dieser Fragebogen erhebt Daten zur Person und zur Motivation. Die darin gesammelten Daten werden zusammen mit den Lösungen der Aufgaben ausgewertet. Dies ermöglicht eine detaillierte Beschreibung der Zielgruppe der Prüfung.

3.1 Jugendliche

Die wichtigsten Ergebnisse zu den Merkmalen der Erprobungsteilnehmenden:

Alter der Teilnehmenden

38 Prozent der Erprobungsteilnehmenden waren 15 Jahre alt oder jünger. 61 Prozent gehörten zu der Altersgruppe zwischen 16 und 20 Jahre. Deutsch wird in den Schulen, die von den befragten Prüfungszentren betreut werden, nach Englisch mit 70 Prozent als zweite oder dritte Fremdsprache (20 Prozent) gelernt. Als klassische zweite Fremdsprache wird Deutsch meistens an Gymnasien überwiegend ab der Klassenstufe 10 bis einschließlich 12 angeboten. Das erklärt das relativ hohe Alter vieler Teilnehmenden an der Jugendprüfung.

Herkunftsländer der Teilnehmenden

Die meisten Teilnehmenden der Jugendvariante des *Goethe-Zertifikats B2* kamen im Jahr 2016 aus Europa und zwar aus Bulgarien, den Niederlanden, Spanien und Ungarn.

31 2015 wurden alle Prüfungszentren zu den Bedürfnissen der Zielgruppe der zu diesem Zeitpunkt verwendeten B2-Prüfung befragt. An der Umfrage nahmen 286 Mitarbeiter von Goethe-Instituten bzw. autorisierten Prüfungszentren teil.

Motive für eine Teilnahme

Auf die Frage, warum sie die Prüfung ablegen wollen, nannten die jugendlichen Teilnehmenden als Grund die Anerkennung an einer Hochschule, sogenannte Credit Points. Ebenfalls ein wichtiges Ziel ist für viele potenzielle B2-Absolvierende eine berufliche Ausbildung in einem deutschsprachigen Land. Den meisten jugendlichen Deutschlernenden ist es überdies wichtig, eine gute Note in Deutsch zu haben (90 Prozent).[32] Motivierend ist außerdem, wenn die erreichten Ergebnisse zum Schulabschluss beitragen, indem sie schulintern in die Jahresnote einfließen. An manchen Schulen dient ein Goethe-Zeugnis als Ersatz für eine interne schulische Prüfung. Im besten Fall befreit das Absolvieren des international anerkannten *Goethe-Zertifikats B2* von einer schulischen Abschlussprüfung.

Prototypische jugendliche Teilnehmende

Jugendliche Teilnehmende, die das *Goethe-Zertifikat B2* ablegen möchten, sind mindestens 15 Jahre alt, lernen Deutsch als zweite Fremdsprache nach Englisch, besuchen mindestens die Klasse 10 und streben das Zertifikat als prestigereichen externen Leistungsnachweis an.

3.2 Erwachsene

Die erwachsenen Erprobungsteilnehmenden waren zur überwiegenden Mehrheit Kursteilnehmende an Goethe-Instituten oder Prüfungspartnerinstitutionen. Sie besuchen in der Regel auf eigene Initiative einen Sprachkurs, der auf das Niveau B2 vorbereitet.

Alter der Teilnehmenden

Ein Drittel der erwachsenen Erprobungsteilnehmenden waren zwischen 20 und 30 Jahre alt, 27 Prozent der Teilnehmenden zwischen 30 und 50 Jahre, 17 Prozent der Teilnehmenden waren junge Erwachsene bis 20 Jahre, die jedoch nicht im Rahmen eines schulischen Projektes an der Prüfung teilnahmen.

Herkunftsländer der Teilnehmenden

Die meisten Teilnehmenden der Erwachsenenvariante des *Goethe-Zertifikats B2* kamen im Jahr 2016 aus Griechenland; gefolgt von Italien, Indien, der Schweiz, Spanien, Kamerun, den Niederlanden, Bosnien-Herzegowina, Ägypten und Marokko.

Motive für eine Teilnahme

Für erwachsene Teilnehmende ist eine B2-Prüfung eine notwendige Station auf dem Weg zu einem Studium, einer Ausbildung oder einer Berufstätigkeit in einem deutschsprachigen Land.

Prototypische erwachsene Teilnehmende

Erwachsene B2-Teilnehmende sind zwischen 20 und 30 Jahre alt, lernen Deutsch als zweite Fremdsprache nach Englisch, verfügen über eine Hochschulreife, streben ein Studium in einem deutschsprachigen Land an oder wollen in Deutschland leben. Ein großer Teil braucht das Zertifikat langfristig gesehen aus beruflichen Gründen.

32 Salomo (2014a) S. 10.

3.3 Mit spezifischem Bedarf

Im Jahre 2013 wurde zum ersten Mal die Zahl der Teilnehmenden bei Behindertenprüfungen weltweit abgefragt: Es gab 79 behinderte Prüfungsteilnehmende. 2015 erfolgte die zweite Abfrage und dabei wurden bereits 249 Prüfungsteilnehmende gemeldet.

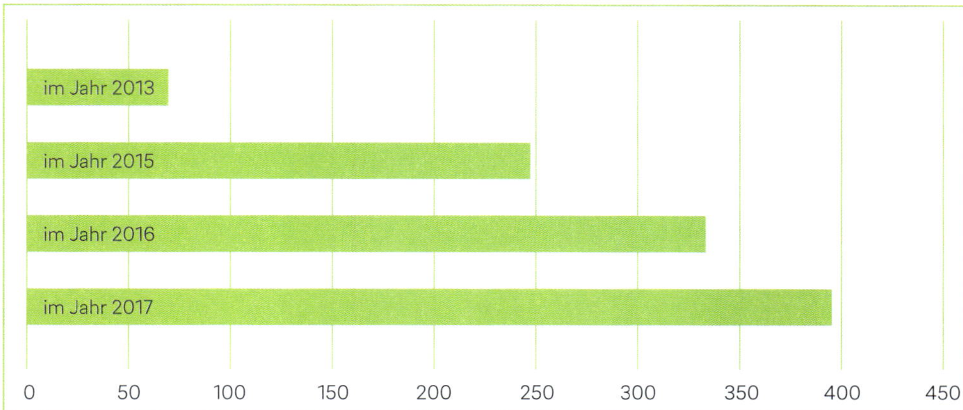

Abbildung 11: Bedarf an Behindertenprüfungen an Gothe-Instituten und Prüfungszentren

In der jüngsten noch laufenden Abfrage wurde eine Steigerung von über 30 Prozent gemessen, die absoluten Zahlen liegen derzeit bei 400 behinderten Prüfungsteilnehmenden. Dieser Umfang unterstreicht die Notwendigkeit, behinderten Personen Zugang zu den Goethe-Prüfungen, speziell auch dem *Goethe-Zertifikat B2,* ohne Barrieren zu ermöglichen.

4 Konzeption der Prüfung

Der Prüfung *Goethe-Zertifikat B2* liegt das Kompetenzniveau B2 nach dem *Gemeinsamen europäischen Referenzrahmen für Sprachen (GER)* zugrunde. Dort wird die sprachliche Kompetenz von Lernenden sowohl global als auch im Detail durch die Beschreibung von sprachlichen Aktivitäten und Fertigkeiten definiert. Das Testformat deckt jedoch nicht alle Kann-Beschreibungen des B2-Niveaus ab, da nicht alle sprachlichen Handlungen in Prüfungsaufgaben realisierbar sind.

4.1 Sprachniveau B2

Die Niveaustufen B1 und B2 stehen für „Selbstständige Sprachverwendung" und sind somit nach unten hin abgegrenzt zu A1 und A2 („Elementare Sprachverwendung") und nach oben begrenzt durch die Niveaustufen C1 und C2, die als „Kompetente Sprachverwendung" bezeichnet werden. Die Globalbeschreibung der Niveaustufe B2 im Referenzrahmen lautet wie folgt[33]:

- Kann die Hauptinhalte komplexer Texte zu konkreten und abstrakten Themen verstehen; versteht im eigenen Spezialgebiet auch Fachdiskussionen.
- Kann sich so spontan und fließend verständigen, dass ein normales Gespräch mit Muttersprachlern ohne größere Anstrengung auf beiden Seiten gut möglich ist.
- Kann sich zu einem breiten Themenspektrum klar und detailliert ausdrücken, einen Standpunkt zu einer aktuellen Frage erläutern und die Vor- und Nachteile verschiedener Möglichkeiten angeben.

33 vgl. Europarat 2001, S. 35.

Lesen	Hören
Kann sehr selbstständig lesen, Lesestil und -tempo verschiedenen Texten und Zwecken anpassen und geeignete Nachschlagewerke selektiv benutzen. Verfügt über einen großen Lesewortschatz, hat aber möglicherweise Schwierigkeiten mit seltener gebrauchten Wendungen.	Kann die Hauptaussagen von inhaltlich und sprachlich komplexen Redebeiträgen zu konkreten und abstrakten Themen verstehen, wenn Standardsprache gesprochen wird; versteht auch Fachdiskussionen im eigenen Spezialgebiet. Kann längeren Redebeiträgen und komplexer Argumentation folgen, sofern die Thematik einigermaßen vertraut ist und der Rede- oder Gesprächsverlauf durch explizite Signale gekennzeichnet ist.
Schreiben	**Sprechen**
Kann klare, detaillierte Texte zu verschiedenen Themen aus ihrem/seinem Interessengebiet verfassen und dabei Informationen und Argumente aus verschiedenen Quellen zusammenführen und gegeneinander abwägen.	Kann zu einer großen Bandbreite von Themen aus ihren/seinen Interessengebieten klare und detaillierte Beschreibungen und Darstellungen geben, Ideen ausführen und durch untergeordnete Punkte und relevante Beispiele abstützen.

Abbildung 12: Vier Fertigkeiten allgemein, Europarat (2001), S. 64, 67, 72, 74

Das B2-Niveau wird von Jugendlichen für die Sprache Deutsch nur von etwa 10 Prozent aller Lernenden erreicht. Diese Information erbrachte die Europäische Erhebung zur Fremdsprachenkompetenz.[34] Mithilfe dieser Erhebung wurde die Fremdsprachenkompetenz von knapp 54.000 Schülerinnen und Schülern in 14 europäischen Ländern gesammelt.[35] Die Ergebnisse erlauben eine bessere Einordnung des Niveaus B2 in seiner Wertigkeit.

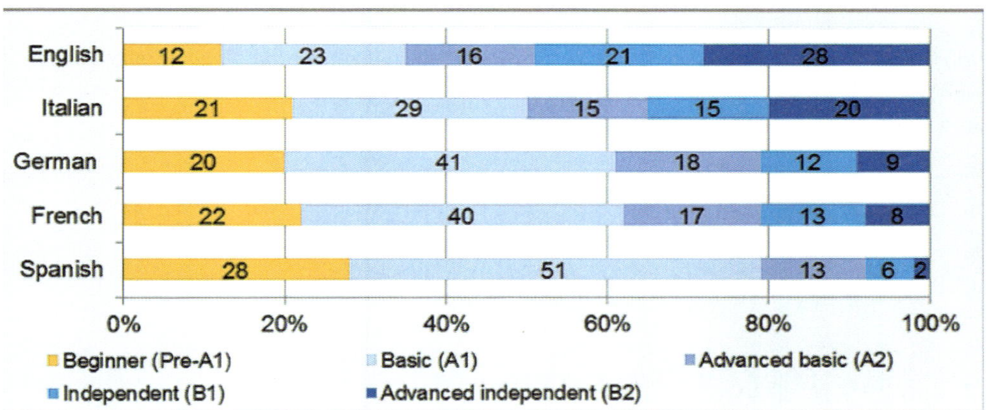

Abbildung 13: Ergebnisse ESLC – prozentualer Anteil der Schüler/-innen, die jeweils ein Niveau erreichen, geordnet nach Sprachen (fertigkeitsübergreifend)

34 European Survey on Language Competences – ESLC in den Jahren 2010 bis 2013 durchgeführt.

35 Es nahmen teil: Belgien, Bulgarien, Kroatien, Estland, Frankreich, Griechenland, Malta, die Niederlande, Polen, Portugal, Slowenien, Schweden und das Vereinigte Königreich (England), Belgien mit zwei Sprachgebieten. Getestet wurde im letzten Jahr der Sekundarstufe I (ISCED-Stufe 2) oder im zweiten Jahr der Sekundarstufe II (ISCED-Stufe 3).

4.2 Kommunikative Kompetenz und Handlungsorientierung

Die Prüfung *Goethe-Zertifikat B2* basiert auf dem handlungsorientierten Ansatz. Sprachverwendende werden als individuell und gesellschaftlich Handelnde betrachtet, die kommunikative Aufgaben (tasks) bewältigen. Ziel des *Goethe-Zertifikats B2* ist die Überprüfung kommunikativer Kompetenz.[36] Dazu werden kommunikative Aufgaben gestellt, zu deren Bewältigung die Teilnehmenden sprachlich aktiv werden. Auf der Grundlage dieser Realisierungen wird festgestellt, ob Lernende die für das Niveau B2 typischen kommunikativen Kompetenzen zeigen und Strategien anwenden.

Kommunikative Kompetenz setzt sich zusammen aus grammatischem, lexikalischem, funktionalem, soziolinguistischem und textsortenbezogenem Wissen.[37] Bei der Bewältigung der Prüfungsaufgaben müssen die Teilnehmenden auf diese Teilkompetenzen zurückgreifen. Beispielsweise sollen sie beim Lesen eines Textes nicht nur die Wörter verstehen und beim Schreiben einer E-Mail nicht nur regelkonforme Sätze bilden können. Vielmehr müssen sie bei der Mail-Korrespondenz soziolinguistisch angemessene Ausdrucksweisen verwenden können. Bei einem Gespräch zur Entscheidungsfindung müssen sie ein gemeinsames Ziel aushandeln können.
Die Prüfungsteilnehmenden benötigen also neben sprachlichem Wissen im engeren Sinne insbesondere text- und gesprächsorganisatorisches sowie pragmatisches und soziolinguistisches Wissen. Die in der Prüfung angebotenen Aufgaben lassen sich vier Lebensbereichen zuordnen: dem privaten, öffentlichen und dem Bildungsbereich respektive für Erwachsene dem beruflichen Bereich.[38] Das *Goethe-Zertifikat B2* orientiert sich an der im Referenzrahmen vorliegenden Liste und hält sich bei der konkreten Auswahl der Situationen an die Bedürfnisse der in Kapitel 3 beschriebenen Zielgruppen.[39] In Zusammenhang mit den Lebensbereichen stehen die kommunikativen Aufgaben und Ziele, die die Lernenden zu bewältigen haben.[40] Diese Aufgaben und Ziele kann man Kommunikationsbereichen zuordnen, die unabhängig von thematisch definierten Kontexten eine große Rolle spielen. Für das *Goethe-Zertifikat B2* sind folgende „übergreifende" Kommunikationsbereiche relevant:[41]

- Informationsaustausch,
- Bewertung, Kommentar,
- Handlungsregulierung,
- Soziale Konventionen,
- Redeorganisation und Verständigungssicherung.

4.3 Aktivitäten und Strategien

Aus den im *Referenzrahmen* genannten kommunikativen Sprachaktivitäten Rezeption, Produktion, Interaktion und Sprachmittlung werden im *Goethe-Zertifikat B2* die Aktivitäten Rezeption schriftlich und mündlich (*Lesen* und *Hören*), Produktion mündlich (*Sprechen*) sowie Interaktion schriftlich und mündlich (*Schreiben* und *Sprechen*) überprüft. Bei der Entwicklung der Testaufgaben wurden vor allem die Skalen aus Kapitel 3 bis 5 herangezogen.[42] In diesen Skalen geht es um die Fragen: Was können Prüfungsteilnehmende auf der Stufe B2? Welche Aktivitäten sind typisch für dieses Niveau?

36 Die Prüfung stützt sich auf die Modelle von Canale (1983), Canale / Swain (1980), Bachmann (1990), Bachmann / Palmer (2010) und Weir (2005) sowie den Referenzrahmen (2001).
37 Das Textsortenwissen wird bei Bachmann / Palmer (2010), S. 44ff. als „knowledge of genres" berücksichtigt.
38 Europarat (2001), S. 52f.
39 Europarat (2001), S. 54.
40 Europarat (2001), S. 59f.
41 Europarat (2001), S. 59f.
42 Europarat (2001), S. 33f.

Modul	Aufgabe	Aktivitäten im Gemeinsamen europäischen Referenzrahmen
Lesen	1	Einstellungen, Meinungen, Haltungen lesen und verstehen
	2	Textlogik rekonstruieren
	3	Information und Argumentation verstehen
	4	Standpunkte verstehen
	5	Regeln, Instruktionen verstehen
Hören	1	Kurze Alltagsgespräche, Radiomeldungen verstehen
	2, 3	Radiosendungen und Tonaufnahmen verstehen
	4	Als Zuhörer/-in im Publikum Vorträge verstehen
Schreiben	1	Produktion: Eigene Meinung zu einem Thema äußern
	2	Interaktion: Persönliche Mitteilung verfassen
Sprechen	1	Vor Publikum sprechen
	2	Argumente pro und kontra erörtern

Abbildung 14: Kommunikative Sprachaktivitäten im *Goethe-Zertifikat B2*

Die in den Skalen der B2-Stufe vorhandene Unterteilung in einen oberen und einen unteren Bereich, die in der Literatur als B2+ bzw. B2.1 und B2.2 benannt ist, wurde für die Prüfungsentwicklung nicht genutzt.

4.4 Versionen für Erwachsene und Jugendliche

Bei der Auswahl von Material als Grundlage für die Prüfungsaufgaben wird darauf geachtet, dass die Themen den Bedürfnissen der oben beschriebenen Zielgruppen entsprechen und kein Fachwissen oder spezifisches Weltwissen vorausgesetzt wird.[43] Die Inhalte werden soweit wie möglich geschlechtsneutral ausgewählt und sollen nicht bestimmte Teilzielgruppen bevorzugen. Wissen historischer Art wird nicht überprüft. Landeskundliche Aspekte spielen in der Prüfung im Hinblick auf die Authentizität der Texte und Aufgabenstellungen eine Rolle. Landeskundliches Wissen ist jedoch, sofern es unvermeidliche Voraussetzung ist, beim Lese- und Hörverstehen nicht lösungsrelevant und soll bei der schriftlichen und mündlichen Interaktion/Produktion nicht in die Leistungsbeurteilung einfließen. Auch interkulturelle Kompetenzen werden nicht explizit getestet; sie sind aber für die produktiven Prüfungsleistungen dann wichtig, wenn sie sprachlich fassbar werden. Konkret ist das beispielsweise beim Modul *Schreiben* der Fall, wo die Teilnehmenden sich etwa für ein Fehlverhalten entschuldigen sollen.

In beiden Versionen werden die gleichen kommunikativen Aktivitäten getestet und auch die Art der Überprüfung sowie die Gewichtung der Module sind identisch. Die kommunikativen Aktivitäten beziehen sich auf die gleichen Textsorten. In beiden Prüfungen identisch ist auch das Sprachniveau B2. Diese Aussage bezieht sich qualitativ auf die Deskriptoren, aber auch auf die nach Erprobungen messbare statistische Schwierigkeit von Aufgaben. Die Bestehensgrenze ist bei beiden Versionen gleich: Die Prüfungsleistungen werden mit der gleichen Zertifikatsurkunde bestätigt.

43 Europarat (2001), S. 58; weitere Bezugswerke sind *Profile Deutsch*. Thematischer Wortschatz A1-B2, 2005, S. 216ff. *Start Deutsch*, Prüfungsziele, Testbeschreibung. 2003, Kapitel 6, S. 104ff. *Fit in Deutsch 2*, Prüfungsziele, Testbeschreibung. 2004, Kapitel 8.5, S. 51ff.

Die beiden Versionen der Prüfung unterscheiden sich außer im Alter der Prüfungsteilnehmenden in folgenden Aspekten:

Domänen: Bei der Jugendprüfung spielen neben dem privaten und öffentlichen Bereich Themen aus dem Bildungssystem eine wichtigere Rolle, bei Erwachsenen wird in Prüfungsaufgaben die berufliche Domäne stärker akzentuiert. Entsprechend werden die Situationen, Sprech- und Schreibanlässe, Themen und Texte der Prüfungsversionen ausgewählt.

Jugendsprache: Bei den Texten zum Lese- und Hörverstehen sowie bei den Anweisungen wird deutsche Standardsprache verwendet. Die jugendlichen Teilnehmenden werden in der Du-Form angesprochen („schreibe", „wähle" usw.). Wortschatz aus der Jugendsprache spielt bei der Bewertung der mündlichen und schriftlichen Leistungen kaum eine Rolle, unter anderem da die Verwendung durch Teilnehmende äußerst selten ist. Wenn in mündlichen und schriftlichen Leistungen von Jugendlichen hin und wieder jugendsprachliche Besonderheiten im lexikalischen Bereich verwendet werden, gibt es dafür weder einen Bonus noch einen Punkteabzug.

Sprachliche Handlungsmuster: Beim Modul *Sprechen* treten Unterschiede im Verhalten zwischen Jugendlichen und Erwachsenen zutage. Diese beruhen darauf, dass es in Gesprächen unter Jugendlichen charakteristische Abläufe und Muster gibt. Jugendliche äußern sich häufig in Prüfungen knapper. Überdies scheinen sie in der Realität mit Mustern freier und spielerischer umzugehen als Erwachsene.[44] Für Jugendliche ist eine elliptisch andeutende Sprechweise kennzeichnend. Diese hat unter anderem damit zu tun, dass sich die Teenager, die in der Prüfung zusammen geprüft werden, oft kennen und im Gespräch gemeinsames Vorwissen voraussetzen können. Im Vergleich zu Gesprächen unter Erwachsenen unterscheiden sich die Diskursphasen, -elemente und -strategien sowie die Sprachintentionen der Jugendlichen kaum. Unterschiede betreffen eher die Art der Realisierung von Intentionen und die Verwendung von bestimmten Wörtern und Wendungen.

Themen: Bei den gewählten Inhalten der Texte, die gehört, gelesen, geschrieben und gesprochen werden, spielen die Erfahrungswelt und die Alltagsnähe eine entscheidende Rolle.[45] Die Themen sollen Jugendliche in ihren Bedürfnissen ansprechen. Sie kommunizieren eher mit Freundinnen/Freunden, Lehrpersonen, Eltern und Klassenkameradinnen/-kameraden als mit Kolleginnen/Kollegen. Freilich kommunizieren auch sie im öffentlichen Leben, beispielsweise mit Verkäuferinnen/Verkäufern, Schaffnerinnen/Schaffnern etc. Befragungen von Lernenden und Lehrenden[46] zeigen eine Beliebtheitsreihenfolge von Themenfeldern mit „Freizeit und Unterhaltung" auf dem ersten Platz:

1. Freizeit und Unterhaltung (z. B. mein Hobby, Sport, Partys, Musik, Club)
2. Medien (z. B. Computer, Internet, Spiele)
3. Ferien und Reisen (z. B. Ferien allein oder mit Familie, Ferienjobs)
4. Gefühle (z. B. Freundschaft, Liebe)
5. Meine eigene Person (z. B. wer ich bin, wo ich lebe, was ich mache usw.)
6. Kommunikation (z. B. Handy, Chats, Gespräche)
7. Ausbildung und Beruf (z. B. was ich später machen möchte)

44 vgl. *Zertifikat Deutsch für Jugendliche*, herausgegeben von Goethe-Institut, Österreichisches Sprachdiplom, Deutsch, Schweizerische Konferenz der kantonalen Erziehungsdirektoren, Weiterbildungs-,Testsysteme GmbH, (2005), S. 12ff.

45 Mercator-Stiftung (2013) Qualität von Sprachstandsverfahren im Elementarbereich. www.migazin.de/2013/11/22studie-sprachstandstests-mehrsprachigkeit-kindern.

46 Durchgeführt im Rahmen der Erprobung des *Zertifikats Deutsch für Jugendliche (ZDj)* 2005.

8. Andere Menschen und Kulturen (z. B. wie die Menschen in anderen Ländern leben)
9. Familie und persönliche Beziehungen (z. B. Eltern, Geschwister, Patchwork-Familie)
10. Körper und Gesundheit (z. B. gesundes Essen, Tattoos, Haare färben)
11. Wohnen (z. B. mein Zimmer, meine Stadt, wo ich wohnen möchte)
12. Natur und Umwelt (z. B. Tiere, was wir für die Umwelt tun können)
13. Schule (z. B. meine Schule, meine Klasse, Lehrer, Noten, Lieblingsfächer)
14. Geschäfte und Konsum (z. B. Taschengeld, wofür ich Geld ausgebe)
15. Essen und Trinken (z. B. mein Lieblingsessen, Vegetarier/-innen, Veganismus)
16. Gesellschaft (z. B. Jugendclubs, Führerschein, Ferienjobs)

Eine differenzierte Auflistung aller Subthemen zu diesen 16 Bereichen findet sich in *Profile Deutsch* unter den jeweiligen Themenüberschriften.[47] So fallen z. B. in den Themenbereich *Ausbildung und Schule* folgende Subthemen:

Ausbildung und Schule
Schule und Studium • Schule allgemein • Bildungsweg und Personen • Schulen und Schultypen • Unterricht • Schulaktivitäten • Weiterbildung und Kurse • Universität • Schulutensilien • Unterrichtsfächer • Aktivitäten im Unterricht • Bezeichnungen von Unterrichtsfächern • Prüfungen und Diplome • Tests und Prüfungen • Noten und Diplome

Abbildung 15: Beispiele für Themenbereiche und Subthemen aus *Profile Deutsch*

4.5 Bewertung

Ausgangspunkt für die Entwicklung der Bewertungskriterien zu *Schreiben* und *Sprechen* sind die Skalen aus Kapitel 5 des *GER*.[48] Darin geht es um die Frage: Wie gut können Prüfungsteilnehmende etwas auf der jeweiligen Stufe?

- Spektrum sprachlicher Mittel
- Wortschatzspektrum und -beherrschung
- Flüssigkeit
- Soziolinguistische Angemessenheit
- Kohärenz und Kohäsion
- Grammatische Korrektheit
- Beherrschung der Aussprache und Intonation
- Beherrschung der Orthografie

47 vgl. Glaboniat / Müller / Rusch / Schmitz / Wertenschlag 2005, S. 216ff.
48 Europarat (2001), S. 110ff.

Kann-Beschreibungen Modul *Schreiben*

Grundlage der Bewertung ist das Beurteilungsraster mit den Beschreibungen sprachlichen Könnens in Tabelle 3 des Referenzrahmens.[49] Diese beziehen sich auf die mündliche Kommunikation und wurden für die schriftliche Kommunikation adaptiert.

Erfüllung der Aufgabe	Kann einen Aufsatz oder Bericht schreiben, in dem etwas systematisch erörtert wird, wobei entscheidende Punkte angemessen hervorgehoben und unterstützende Details angeführt werden. Kann verschiedene Ideen oder Problemlösungen gegeneinander abwägen (Europarat 2001, S. 68, Berichte und Aufsätze schreiben). Kann etwas klar beschreiben und dabei wichtige Aspekte ausführen und mit relevanten Details und Beispielen stützen (Europarat 2001, S. 125, Themenentwicklung).
Kohärenz	Kann verschiedene Verknüpfungswörter sinnvoll verwenden, um inhaltliche Beziehungen deutlich zu machen (Europarat 2001, S. 125, Kohärenz und Kohäsion). Kann eine begrenzte Anzahl von Verknüpfungsmitteln verwenden, um ihre/seine Äußerungen zu einem klaren, zusammenhängenden Text zu verbinden (Europarat 2001, S. 125, Kohärenz und Kohäsion). Kann zusammenhängend und klar verständlich schreiben und dabei die üblichen Konventionen der Gestaltung und der Gliederung in Absätze einhalten (Europarat 2001, S. 118, Beherrschung der Orthografie).
Wortschatz	**Spektrum:** Verfügt über einen großen Wortschatz in seinem Sachgebiet und in den meisten allgemeinen Themenbereichen. Kann Formulierungen variieren, um häufige Wiederholungen zu vermeiden; Lücken im Wortschatz können zu Umschreibungen führen (Europarat 2001, S. 112, Wortschatzspektrum). **Beherrschung:** Die Genauigkeit in der Verwendung des Wortschatzes ist im Allgemeinen groß, obwohl einige Verwechslungen und falsche Wortwahl vorkommen, ohne jedoch die Kommunikation zu behindern (Europarat 2001, S. 113, Wortschatzbeherrschung).
Strukturen	**Spektrum:** Verfügt über ein hinreichend breites Spektrum sprachlicher Mittel, um klare Beschreibungen und Standpunkte auszudrücken und etwas zu erörtern; wobei einige komplexe Satzstrukturen verwendet werden. Kann sich klar ausdrücken, ohne dabei den Eindruck zu erwecken, sich in dem, was sie/er sagen möchte, einschränken zu müssen (Europarat 2001, S. 110, Spektrum sprachlicher Mittel). **Beherrschung:** Gute Beherrschung der Grammatik; gelegentliche Ausrutscher oder nicht-systematische Fehler und kleinere Mängel im Satzbau können vorkommen, sind aber selten und können oft rückblickend korrigiert werden. Es gibt keine Fehler, die zu Missverständnissen führen (Europarat 2001, S. 114, Grammatische Korrektheit).
Orthografie	**Beherrschung:** Rechtschreibung und Zeichensetzung sind hinreichend korrekt, können aber Einflüsse der Muttersprache zeigen (Europarat 2001, S. 118, Beherrschung der Orthografie).

Abbildung 16: Kann-Beschreibungen zur Bewertung von Schreibleistungen

49 Europarat (2001), S. 37.

Kann-Beschreibungen Modul *Sprechen*

Die entsprechenden Kann-Beschreibungen für das Sprechen lauten:

Teil 1	
Erfüllung der Aufgabe	Kann eine klare, vorbereitete Präsentation vortragen und dabei Gründe für oder gegen einen Standpunkt anführen und die Vor- und Nachteile verschiedener Alternativen angeben. Kann flüssig und spontan eine Reihe von Nachfragen aufgreifen, ohne Anstrengung für sich oder das Publikum (Europarat, S. 66, Vor Publikum sprechen).
Kohärenz	Kann eine begrenzte Anzahl von Verknüpfungsmitteln verwenden, um ihre/seine Äußerungen zu einem klaren, zusammenhängenden Beitrag zu verbinden; längere Beiträge sind möglicherweise etwas sprunghaft (Europarat, S. 37, Beurteilungsraster zur mündlichen Kommunikation/Kohärenz). Kann Sachverhalte klar und systematisch beschreiben und darstellen und dabei wichtige Punkte und relevante stützende Details angemessen hervorheben (Europarat, S. 64, Mündliche Produktion allgemein). Kann zu einer großen Bandbreite von Themen aus ihren/seinen Interessengebieten klare und detaillierte Beschreibungen und Darstellungen geben, Ideen ausführen und durch untergeordnete Punkte und relevante Beispiele abstützen (Europarat, S. 64, Mündliche Produktion allgemein).

Abbildung 17: Kann-Beschreibungen zur Bewertung von Sprechleistungen Teil 1

Teil 2	
Erfüllung der Aufgabe	Kann in Diskussionen die eigenen Ansichten durch relevante Erklärungen, Argumente und Kommentare begründen und verteidigen (Europarat, S. 81, Informelle Diskussion unter Freunden).
Interaktion	Kann Gespräche beginnen, die Sprecherrolle übernehmen, wenn es angemessen ist, und das Gespräch beenden, wenn sie/er möchte, auch wenn das möglicherweise nicht immer elegant gelingt. Kann auf vertrautem Gebiet zum Fortgang des Gesprächs beitragen, indem sie/er das Verstehen bestätigt, andere zum Sprechen auffordert usw. (Europarat, S. 37, Beurteilungsraster zur mündlichen Kommunikation/Interaktion). Kann die Sprache gebrauchen, um flüssig, korrekt und wirkungsvoll über ein breites Spektrum allgemeiner, wissenschaftlicher, beruflicher Themen oder über Freizeitthemen zu sprechen und dabei Zusammenhänge zwischen Ideen deutlich machen. Kann die Bedeutung von Ereignissen und Erfahrungen für sich selbst hervorheben und Standpunkte durch relevante Erklärungen und Argumente klar begründen und verteidigen (Europarat, S. 79, Mündliche Interaktion allgemein).

Abbildung 18: Kann-Beschreibungen zur Bewertung von Sprechleistungen Teil 2

Teil 1 und Teil 2	
Wortschatz	**Spektrum:** Verfügt über ein ausreichend breites Spektrum von Redemitteln, um in klaren Beschreibungen oder Bereichen über die meisten Themen allgemeiner Art zu sprechen und eigene Standpunkte auszudrücken; sucht nicht auffällig nach Worten und verwendet einige komplexe Satzstrukturen (Europarat, S. 37, Beurteilungsraster zur mündlichen Kommunikation/Spektrum). Kann sich in formellem und informellem Stil überzeugend, klar und höflich ausdrücken, wie es für die jeweilige Situation und die betreffenden Personen angemessen ist (Europarat, S. 122, Soziolinguistische Angemessenheit). **Beherrschung:** Die Genauigkeit in der Verwendung des Wortschatzes ist im Allgemeinen groß, obgleich einige Verwechslungen und falsche Wortwahl vorkommen, ohne jedoch die Kommunikation zu behindern (Europarat, S. 113, Wortschatzbeherrschung).
Strukturen	**Beherrschung:** Zeigt eine recht gute Beherrschung der Grammatik. Macht keine Fehler, die zu Missverständnissen führen, und kann die meisten eigenen Fehler selbst korrigieren (Europarat, S. 37, Beurteilungsraster zur mündlichen Kommunikation/Korrektheit). Gute Beherrschung der Grammatik; gelegentliche Ausrutscher oder nicht-systematische Fehler und kleinere Mängel im Satzbau können vorkommen, sind aber selten und können oft rückblickend korrigiert werden (Europarat, S. 114, Grammatische Korrektheit).
Aussprache	Hat eine klare, natürliche Aussprache und Intonation erworben (Europarat, S. 117, Beherrschung der Aussprache und Intonation).

Abbildung 19: Bewertungskriterien und Deskriptoren des Referenzrahmens, Sprechen

Wenn Teilnehmende die Prüfungsaufgaben bearbeiten, greifen sie auf eine Reihe von Strategien zurück. Das können zum einen Kompensationsstrategien sein, z. B. um Lücken in der eigenen Ausdrucksfähigkeit durch Anwendung von Paraphrasen und Synonymen zu überbrücken. Zum anderen sind es Aktivitäten und kognitive Strategien wie die Informationsverarbeitung, metakognitive Strategien der Planung, Überwachung und Evaluation sowie soziale Strategien der Kommunikation. Entsprechende Modelle gehen auf Bachman/Palmer (1996) und die Autoren des Referenzrahmens zurück.

Bei der Wertung von Leistungen ist zu berücksichtigen, inwieweit Teilnehmende bei der Bewältigung kommunikativer Aufgaben dem Sprachniveau angemessene Strategien einsetzen. Der erfolgreiche Einsatz z. B. von Selbstkorrektur oder Bitte um Wiederholung ist beim Kriterium der Aufgabenbewältigung als Indiz für Selbstständigkeit beim (fremd-)sprachlichen Handeln zu werten.

5 Beschreibung der Prüfungsmodule

Dieses Kapitel stellt die vier Module der Prüfung – *Lesen*, *Hören*, *Schreiben* und *Sprechen* – detailliert vor. Die Unterkapitel folgen einer einheitlichen Struktur, um eine bessere Übersicht zu ermöglichen. Bei jedem Modul wird das Konstrukt erläutert, das den jeweiligen Prüfungsaufgaben zugrunde liegt. Durch Rückgriff auf die Kompetenzbeschreibungen des Referenzrahmens wird die Niveau-Erwartung transparent. Die anvisierten Prüfungsziele und -formen werden zunächst in Form eines Überblicks und danach im Einzelnen für alle Aufgaben vorgestellt, die Aufgaben anhand von Beispielen aus den Modellsätzen für Erwachsene bzw. Jugendliche erklärt. Im Falle der produktiven Fertigkeiten sind die Anforderungen mithilfe von Leistungsbeispielen, die in der Erprobung gewonnen wurden, illustriert. Am Ende des Kapitels wird die Bewertung der Leistungen von Teilnehmenden erläutert.

5.1 Lesen

Lesen ist eine rezeptive Sprachaktivität, bei der schriftliche Texte von der Leserin / vom Leser visuell empfangen und kognitiv verarbeitet werden.[50] Der Begriff Lesen bezieht sich sowohl auf den Vorgang oder Prozess des Lesens (Verstehen) als auch auf das Ergebnis oder Produkt des Lesens (Verständnis). Lesen setzt unter anderem visuelle, orthografische, lexikalische, grammatische, pragmatische und soziolinguistische Fähigkeiten und Kenntnisse voraus.[51]

Dem *Goethe-Zertifikat B2* liegt ein integratives Testkonstrukt des Lesens zugrunde. Dieses basiert auf dem funktional-handlungsorientierten und psycholinguistischen Verständnis des Lesens. Aus funktionaler, handlungsorientierter Sicht kann man Lesen mit dem Referenzrahmen als soziale, kommunikative Sprachaktivität beschreiben, die zum Ziel hat, eine in der Realität existierende Aufgabe zu bewältigen. Dazu zählen z. B. die folgenden Handlungsabsichten:

- Informationen aus digitalen Nachrichten entnehmen,
- Standpunkte zu einem Thema verstehen,
- Regeln und Vorschriften rund um das Studium verstehen.

50 Der Text aus diesem Kapitel S. 41–42 basiert auf dem Handbuch *Zertifikat B1*, Deutschprüfung für Jugendliche und Erwachsene; vgl. auch Glaboniat et al. (2013) Kapitel 6.1, S. 9ff.; Europarat (2001), S. 74.
51 Ehlers (1998), Lutjeharms (2010).

Aus psycholinguistischer Sicht wird Lesen als konstruktive kognitive Interaktion zwischen der/dem Lesenden und dem Text definiert. Indem textbasierte und wissensgeleitete kognitive Prozesse „im Kopf“ von Lesenden interagieren, wird Information verarbeitet, ein mentales Modell des Gelesenen aufgebaut, neues Wissen geschaffen und in bestehendes Wissen integriert. Hier wurde das Modell von Khalifa/Weir[52] zugrunde gelegt. Die einzelnen Prozesse greifen auf lexikalisches, syntaktisches, inhaltlich-thematisches und textsortenbezogenes Wissen zurück. Abhängig davon, ob ein globales oder ein detailliertes Verständnis erreicht werden soll, wird der Text unterschiedlich schnell und genau gelesen. Wie viel man von einem Text aufnimmt, hängt von den Interessen der/des Lesenden ab. Kommunikative Leseziele sind beispielsweise das Erfassen der globalen Aussage eines Zeitschriftenartikels oder das Auffinden bzw. Nachvollziehen von Details eines Jobangebots. Solchen Zielen lassen sich – schwerpunktmäßig – verschiedene mentale Prozesse zuordnen:

- Erfassen der globalen Aussage – überfliegendes Lesen,
- Auffinden spezifischer Details – selektives oder orientierendes (und genaues) Lesen,
- Nachvollziehen von Details – sorgfältiges (und genaues) Lesen.

Mit Weir (2005) können diese mentalen Prozesse als Lesestile begriffen und in zwei Hauptgruppen eingeteilt werden: Gruppe 1 ist das sorgfältig-genaue, Gruppe 2 das erkundend-selektive Lesen. Sorgfältig-genaues Lesen hat ein detailliertes, umfassendes Verständnis eines Textes oder eines Satzes zum Ziel. Diese tiefe Verarbeitungsebene wird durch ein relativ langsames, gründliches, lineares, schrittweises Vorgehen erreicht. Beim erkundend-selektiven Lesen hingegen sollen möglichst schnell und effizient bestimmte Textstellen aufgefunden und verstanden werden. Dazu wird ein Text nicht von Anfang bis Ende gelesen, sondern die/der Lesende sucht darin gezielt nach spezifischen Informationen oder Wörtern. Welcher Text wie gelesen wird, hängt von der Textsorte ab: Ein Verzeichnis wird schnell und in der Regel auswählend gelesen, ein Jobangebot zumindest passagenweise sorgfältig und genau.

Bei der Aufgabenkonstruktion werden im *Goethe-Zertifikat B2* die folgenden Parameter berücksichtigt und zielgruppenspezifisch sowie niveaubezogen spezifiziert:

- Kontexte: Lebensbereiche, Situationen und Themen,
- Aktivitäten: Texte ergänzen, zur Orientierung lesen etc.,
- Textsorten: deskriptive, instruktive, diskontinuierliche,
- Ziele: globales, detailliertes und selektives Verstehen,
- Stile: sorgfältig-genaues und suchendes Lesen auf Text- und Satzebene.

Während die Kontexte des Lesens, die Leseaktivitäten, die Textsorten und bis zu einem gewissen Grad auch die Ziele des Verstehens durch die Testautorinnen und -autoren gesetzt und gezielt variiert werden können, entscheiden die Prüfungsteilnehmenden selber, welchen Lesestil sie bei den unterschiedlichen Aufgaben zum Einsatz bringen. Testautorinnen und -autoren können intendieren, dass ein Text „gescannt“ und nicht genau gelesen werden soll. Ob Prüfungsteilnehmende erwartungsgemäß reagieren, ob sie also den Text tatsächlich schnell überfliegen, statt ihn von Anfang bis Ende genau zu lesen, bleibt ihnen überlassen. Deshalb wird hier von intendierten Lesestilen gesprochen.[53]

52 2009, S. 43.
53 vgl. *Goethe-Zertifikat B1* (2013) S. 9ff.

Lesefähigkeit auf Niveau B2

Die Lesenden haben einen hohen Grad an Unabhängigkeit erreicht. Sie können Lesestil und -tempo an verschiedene Textsorten und Ziele anpassen. Sie können den Inhalt und die Relevanz neuer Lesestoffe identifizieren und lesen Artikel und Berichte aus vielen Bereichen. Dabei handelt es sich um eine größere Bandbreite anspruchsvollerer Textsorten, die aktuelle Probleme behandeln, denen gegenüber die Lesenden eine bestimmte Haltung und einen Standpunkt einnehmen. Die Lesenden haben ein breites aktives Lesevokabular und Selbstbewusstsein im globalen Verstehen von Hauptaussagen. Sie können ihr Wissen über Textmuster (Genres, Rhetorik) einsetzen, um das Verständnis zu sichern. Sie können mit einem breiten Spektrum von nicht komplett vertrauten Themen umgehen, solange diese interessant für sie sind. Informative und argumentative Texte sind ihrem Können angemessen und können aus authentischen Quellen stammen.[54]

Teil	Aktivität/ Verstehensziel	Texttyp	Lesestil	Aufgaben-Format	Items Punkte
1	*Einstellungen, Haltungen verstehen*	Statements Selbstdarstellung	suchend, sorgfältig-genau	Zuordnung	9
2	*Text verstehen und ergänzen*	Reportage	rekonstruierend	Zuordnung	6
3	*Informationen und Argumente verstehen*	Artikel	detailliert, sorgfältig-genau	Wahl (3-gliedrig)	6
4	*Standpunkte verstehen*	Kurzkommentare	suchend, sorgfältig-genau	Zuordnung	6
5	*Regeln, Instruktionen verstehen*	Vorschriften	suchend, sorgfältig-genau	Zuordnung	3

Abbildung 20: *Goethe-Zertifikat B2*, Modul *Lesen*: Prüfungsziele und -formen

Das Modul *Lesen* umfasst fünf Teile mit circa 1.800 Wörtern. Die Teile überprüfen unterschiedliche Aspekte fremdsprachlicher Lesekompetenz. Die Prüfungsteilnehmenden sollen zeigen, dass sie (nah-)authentische deutschsprachige Texte aus dem persönlichen, öffentlichen, beruflichen oder im Falle der Jugendversion aus dem schulischen Alltag lesen und je nach Aufgabe global, im Detail oder selektiv verstehen können, indem sie unterschiedliche Lesestile aktivieren, wobei sorgfältig-genaues Lesen ebenso überprüft wird wie rekonstruierendes. Berücksichtigt sind aktuelle Textsorten wie Blog-Beiträge, Zeitungsartikel oder andere Presseberichte, Kommentare, Anweisungen und Vorschriften. Die Texte sollen zur Informationsentnahme, Kenntnisnahme von Argumenten und Anweisungen oder zur Unterhaltung gelesen werden. Die Bearbeitungszeit ist pro Item mit durchschnittlich zwei Minuten berechnet. Die Teilnehmenden entscheiden selbst über die Reihenfolge, in der sie die Aufgaben lösen. Hilfsmittel wie Wörterbücher oder die Benutzung des Mobiltelefons sind nicht gestattet. Jeder Teil besteht aus einer knappen Situierung, aus einem oder mehreren Inputtext(en) unterschiedlicher Länge sowie aus bis zu neun zugehörigen Fragen bzw. Aufgaben (sogenannten Items). Ist das Aufgabenformat neu, beginnt der Teil mit einem Beispiel; ist das Format bekannt, wird auf ein Beispiel verzichtet. Strukturen und Wortschatz der Aufgaben entsprechen dem Niveau B2 des Referenzrahmens. An nicht direkt lösungsrelevanten Textstellen kann der Wortschatz darüber hinausgehen. Dabei wird erwartet, dass die Teilnehmenden ihre strategischen Kompetenzen einsetzen und unbekannten Wortschatz über Wortbildung oder andere Strategien erschließen[55]. Die bei den einzelnen Teilen angegebene Bearbeitungszeit versteht sich als Vorschlag.

54 Surveylang ESLC Inception Report (2009) S. 43.
55 vgl. Kapitel 3; *Profile Deutsch* (2012).

Die Einteilung der Prüfungszeit ist Sache der Prüfungsteilnehmenden. Für das Übertragen der Lösungen auf den Antwortbogen stehen noch einmal fünf Minuten Prüfungszeit zur Verfügung. Die Gesamtprüfungszeit des Moduls *Lesen* liegt damit bei 65 Minuten.

In der digitalen Version der Prüfung müssen keine Antworten auf einen Antwortbogen übertragen werden, da das System die Antworten bei jedem Anklicken erfasst. Nach der Prüfungszeit haben die Prüfungsteilnehmenden genau wie in der papierbasierten Version noch fünf Minuten Zeit, um ihre Antworten zu überprüfen.

Beispiel

Teil 1 vorgeschlagene Arbeitszeit: 18 Minuten

Sie lesen in einem Forum, wie Menschen über Minimalismus im täglichen Leben denken. Auf welche der vier Personen treffen die einzelnen Aussagen zu? Die Personen können mehrmals gewählt werden.

Beispiel:

0 Wer will nur die wirklich notwendigen Dinge haben? **Lösung: a**

Moderne Lebensformen

a Erik

In der heutigen Gesellschaft wird leider nur noch konsumiert. Es zählen Besitz und Leistung; das empfinde ich als negativ. Ein Autokauf käme mir zum Beispiel nicht in den Sinn, ich bevorzuge das Rad oder gehe zu Fuß. Eine größere Wohnung? Warum? – Meine Einzimmerwohnung ist fast leer: Bett, Tisch, zwei Stühle, Garderobe. Einen Kühlschrank brauche ich nicht. Auch als Veganer kann man genussvoll essen. Erdbeeren und Salat pflanze ich auf dem Balkon an. Wenn ich reise, dann mit Rucksack und Zelt, ohne Kamera und Schnickschnack. Bei Freunden daheim mit tollen Fotos angeben gibt mir nichts. Das hat nichts mit Geiz zu tun – das einfache Leben ist, was ich will.

b Katharina

Die gesamte Debatte über die richtige Lebensweise nervt mich: Warum auf etwas verzichten? Dinge können die schönste Nebensache der Welt sein! Am Abend kehre ich gern in meine Wohnung heim und am Wochenende lade ich lieber Freunde ein, um ihnen Bilder von meinem letzten Urlaub zu zeigen, als mich beim Sport abzumühen. Viel brauche ich nicht, um mich in den Großstädten der Welt wohlzufühlen: ein bisschen Luxus im Hotel, interessante Ausstellungen und schick essen gehen. Viel nehme ich schon deswegen nicht mit, damit im Koffer genug Platz für die Einkäufe ist. Zu einem guten Steak sage ich nie nein. Gesund kann, muss Essen aber nicht sein – man lebt schließlich nur einmal. Mein Auto, ein Cabriolet, nutze ich jeden Tag beruflich, im Sommer am liebsten mit dem Dach offen. Bescheidenheit ist doch nur etwas für die Leute, die sich nichts leisten können.

Abbildung 21a: *Goethe-Zertifikat B2*, Modellsatz Erwachsene, Modul *Lesen*, Teil 1, papierbasiert

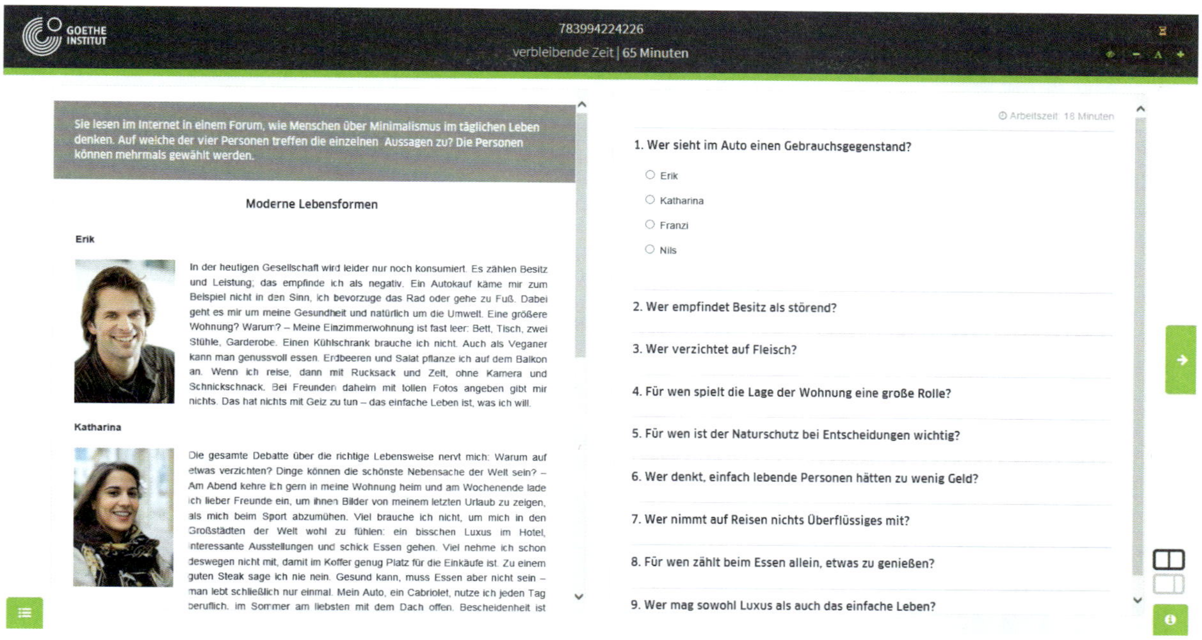

Abbildung 21b: *Goethe-Zertifikat B2*, Modellsatz Erwachsene, Modul *Lesen*, Teil 1, computerbasiert

Kann-Beschreibung

Kann lange und komplexe Texte rasch durchsuchen und wichtige Einzelinformationen auffinden.[56]

Prüfungsziel und -form

Die Prüfungsteilnehmenden lesen vier Texte aus der privaten Domäne, die Einstellungen und Haltungen aus dem persönlichen Lebensbereich wiedergeben. Der Lesestil ist zuerst suchend, um Einzelinformationen herauszufiltern, danach sorgfältig-genau, um die Hauptpunkte und wichtige Einzelheiten zu verstehen. Bei der Textsorte handelt es sich z. B. um kurze persönliche Statements im Umfang von etwa 140 Wörtern, insgesamt werden circa 570 Wörter gelesen. Die Teilnehmenden sollen die beschriebenen Informationen und Einstellungen genau verstehen. Während des Lesens ordnen sie neun Aussagen (Items 1 bis 9) den vier charakterisierten Personen zu. Den Personen lassen sich mehrere Aussagen zuordnen. In diesem Teil geht es um erwartungsgeleitetes oder suchendes Lesen, daher sind die Aufgaben vor den Texten platziert. Für den Teil ist eine Bearbeitungszeit von zwei Minuten pro Item, insgesamt circa 18 Minuten vorgeschlagen.

Die **digitale** Version der Prüfung wurde parallel zur papierbasierten Version aufgebaut. Aufgrund der Ausspielung am Bildschirm unterscheiden sich Aufbau und Funktionalität in einzelnen Aspekten trotzdem. So stehen die Texte von Aufgabe 1 beispielweise auf der linken Seite des Screens, die Aufgaben auf der rechten. Zu allen neun Aufgaben werden die vier Personen als Antwortoptionen eingeblendet. Generell hat man bei allen Aufgaben in der digitalen Version die Möglichkeit, die Schriftgröße und den Kontrast zu ändern. Zusätzlich können Prüfungsteilnehmende wichtige Textstellen markieren und Kommentare einfügen. Über ein Navigationsmenü können sie innerhalb des Prüfungsteils hin- und herspringen und sehen, ob alle Aufgaben bearbeitet wurden.

56 Europarat (2001), S. 75.

Beispiel

Teil 2 vorgeschlagene Arbeitszeit: 12 Minuten

Sie lesen in einer Zeitschrift einen Artikel über die Geschichte des Reisens.
Welche Sätze passen in die Lücken? Zwei Sätze passen nicht.

Reisefieber

Heute verreist fast jeder, früher aber kaum jemand.

Über eine Milliarde Menschen reisen jährlich in ein anderes Land. Ob von Deutschland nach Italien, von Kanada nach Mexiko oder von Japan nach Australien. Noch nie waren so viele Touristen unterwegs. Kaum ein Wirtschaftszweig wächst so schnell und kontinuierlich wie der Tourismus. **[...0...]**

Schon in der Antike gingen Menschen an andere Orte. Oft zu Fuß oder mit dem Pferd. Das dauerte jedoch lange und war sehr mühsam. Nur wenige konnten es sich leisten, in einer Kutsche zu reisen. Besonders schnell war die Kutsche allerdings auch nicht. **[...10...]** Erst als die Eisenbahn und das Dampfschiff erfunden wurden, änderte sich das.

Die Reisen, wie wir sie heute kennen, verdanken wir vor allem dem Briten Thomas Cook. Er organisierte 1841 eine Zugfahrt mit Blasmusik, Tee und belegten Broten in eine 20 km entfernte Kleinstadt. **[...11...]** Damit erfand der Brite die erste Pauschalreise der Welt – ein großer Erfolg.

Die meisten solcher Reisen blieben jedoch lange ein Luxus, den sich die meisten Menschen nicht leisten konnten. An sechs Tagen der Woche und zehn Stunden am Tag zu arbeiten, war um 1900 normal. **[...12...]** Dies änderte sich im Laufe des 20. Jahrhunderts, als die Arbeiter mehr Freizeit bekamen, die Löhne stiegen und die Reisekosten sanken. Seitdem steigt die Anzahl der Touristen stetig.

Die derzeit beliebtesten Reiseziele weltweit sind Frankreich, die USA und Spanien. Aber auch Deutschland zieht immer mehr Reisende an. Insbesondere die 15- bis 24-jährigen Europäer kommen gerne nach Deutschland. Am liebsten fahren sie in die großen Städte wie Berlin oder München. **[...13...]** Ein Grund dafür,

Teil 2

Beispiel:

0 Denn immer mehr Menschen können es sich leisten zu verreisen.

Abbildung 22a: *Goethe-Zertifikat B2*, Modellsatz Erwachsene, Modul *Lesen*, Teil 2, papierbasiert

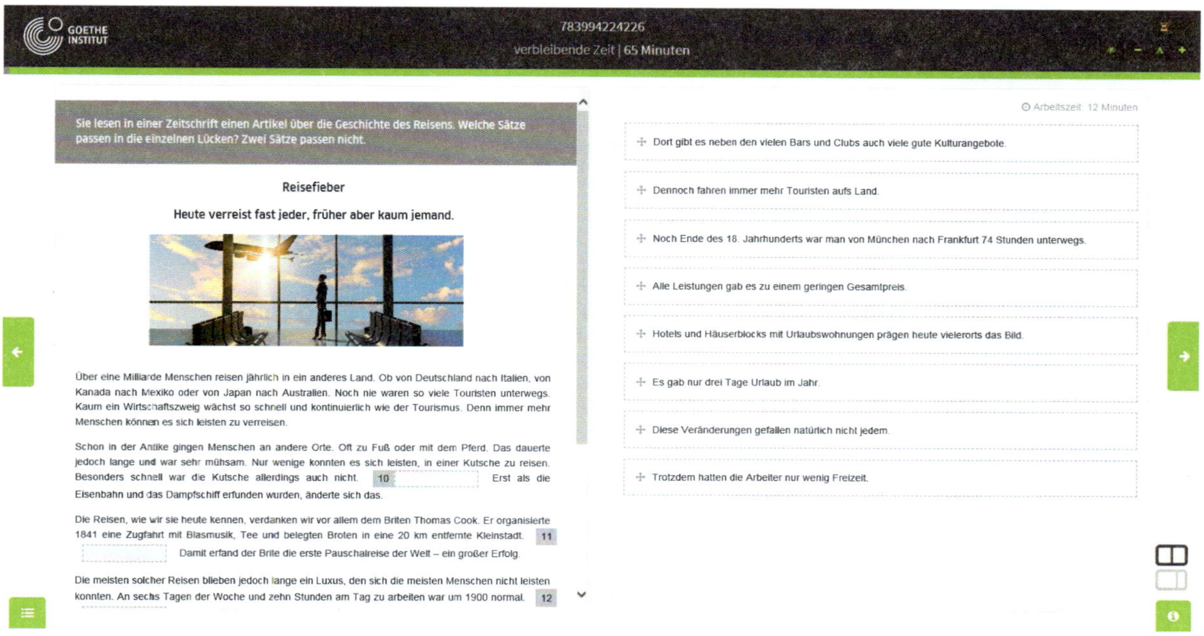

Abbildung 22b: *Goethe-Zertifikat B2*, Modellsatz Erwachsene, Modul *Lesen*, Teil 2, computerbasiert

Kann-Beschreibung

Kann Artikel und Berichte zu aktuellen Fragen lesen und verstehen, in denen die Schreibenden eine bestimmte Haltung oder einen bestimmten Standpunkt vertreten.[57]

Prüfungsziel und -form

Dieser Teil hat zum Ziel, Informationen in einer Reportage zu verstehen. Dazu lesen die Teilnehmenden einen deskriptiv-explikativen Sachtext aus dem öffentlichen Bereich selektiv und sorgfältig-genau, um die Hauptaussage und wichtige Einzelheiten zu verstehen. In der Zuordnungsaufgabe sollen die Teilnehmenden ihr Verständnis der Textstruktur nutzen, um den vollständigen Inhalt zu rekonstruieren. Die Texte, die aus dem Internet, einer Zeitung, Zeitschrift oder Broschüre stammen, sind circa 330 Wörter lang und behandeln Sachthemen von allgemeinem Interesse. Als zeitlicher Richtwert für die Bearbeitung des Teils werden zwölf Minuten vorgeschlagen. Pro Item sind also circa zwei Minuten Arbeitszeit vorgesehen.

Diese Zuordnungsaufgabe wurde in der **digitalen** Version als „drag and drop" realisiert. Anders als auf Papier zieht man die Textbausteine mit der Maus direkt in den Text. Auch *Lesen* Teil 4 und Teil 5 wurden so umgesetzt.

57 Europarat (2001), S. 76.

Beispiel

Teil 3 vorgeschlagene Arbeitszeit: 12 Minuten

Sie lesen in einer Zeitung einen Artikel über das Verhalten von Kranken in Zeiten des Internets. Wählen Sie bei den Aufgaben die richtige Lösung.

Teil 3

Beispiel:

0 Immer mehr Kranke in Deutschland ...

- [a] lassen sich lieber zu Hause behandeln.
- [☒ b] vertrauen auf Hilfe im Internet.
- [c] werden in Wartezimmern krank.

Doktor Google

Das Wartezimmer beim Arzt ist voll mit Menschen, Bakterien und verbrauchter Luft. Bevor sich ein Kranker zusätzliche Viren ins Gesicht husten lässt, bleibt er manchmal lieber zu Hause und sucht Rat beim Doktor im Netz. Der ist zwar meist virtuell, antwortet nur in wenigen Portalen auf konkrete Fragen, und Garantie übernimmt er sowieso keine.

Von den Deutschen suchen 38 Prozent bei Gesundheitsfragen Rat im Netz und klicken Gesundheitsportale an, fand man kürzlich heraus. Innerhalb der Europäischen Union war das Interesse nur in Schweden, Norwegen und in Finnland noch größer. Laut einer Studie Zentrum für therapeutische Qualität". Dort hält man es für falsch, Krankheitssymptome, die man bei sich entdeckt hat, per Suchmaschine selbst zu diagnostizieren. „Wenn Patienten richtige und gute Informationen haben, vereinfacht das vieles." Ziel ist dabei nicht das Ver-

Abbildung 23: *Goethe-Zertifikat B2*, Modellsatz Erwachsene, Modul *Lesen*, Teil 3, papierbasiert

Kann-Beschreibung

Kann Artikel und Berichte zu aktuellen Fragen lesen und verstehen, in denen die Schreibenden eine bestimmte Haltung oder einen bestimmten Standpunkt vertreten.[58]

Prüfungsziel und -form

Dieser Teil konfrontiert die Teilnehmenden mit einem Zeitungsartikel, der über aktuelle Themen aus dem öffentlichen, gegebenenfalls beruflichen oder schulischen Bereich informiert. Die Prüfungsteilnehmenden sollen durch detailliertes und sorgfältig-genaues Lesen Informationen im Text verstehen. Überprüft wird das Verstehen mit dreigliedrigen Mehrfachwahlaufgaben (Items 16 bis 21), bei denen jeweils eine richtige Lösung angekreuzt wird. Die Abfolge der Aufgaben orientiert sich an der Chronologie des Textes, der circa 400 Wörter lang ist. Die Bearbeitungszeit für diesen Teil beträgt zwölf Minuten, d. h. circa zwei Minuten pro Aufgabe.

58 Europarat (2001), S. 76.

Beispiel

Teil 4 Arbeitszeit: 12 Minuten

Sie lesen in einer Zeitschrift Meinungsäußerungen zu dem Lebensmodell „digitale Nomanden". Welche Äußerung passt zu welcher Überschrift? Eine Äußerung passt nicht. Die Äußerung a ist das Beispiel und kann nicht noch einmal verwendet werden.

Beispiel:

0 Familie und Beruf kann man vereinbaren **Lösung: a**

Teil 4

Digitale Nomaden

a Es hört sich im ersten Moment vielleicht etwas überraschend an – aber gerade für berufstätige Eltern hat das digitale Nomadentum Pluspunkte: Man kann seinen Kindern die Welt zeigen und sich tagsüber die Zeit für sie nehmen, die sie brauchen; gearbeitet wird dann eben nachts. *Amelie, Bonn*

b Die Gefahr, dass die eigene Leistung absinkt, ist einfach zu groß: Jede Arbeit braucht Struktur und das Gespräch mit Experten, um herauszufinden, ob man richtig liegt. Wenn jeder immer nur allein vor sich hin arbeitet, fehlt der Vergleich. *Eva, Berlin*

c Auch wenn es unter den Jüngeren heutzutage Mode ist, sich als digitale Nomaden zu verstehen – wieso möchte keiner mehr fest an einem Ort verankert sein? Woher weiß man denn sonst, wohin man gehört? *Inga, Hannover*

d Kaum jemand kann und will ständig allein am Computer vor sich hin arbeiten. Das Arbeiten in flexiblen Büros wäre eine Möglichkeit, einen ständigen Austausch möglich zu machen, fachlich wie menschlich. Aber man würde dabei hoffentlich nicht die Freiheit verlieren, weiterzuziehen, wenn und wann man will. *Steven, Greifswald*

e Diese Arbeitsform funktioniert nur ohne Familie und Verantwortung. Wer hat schon einen Partner, der ständig umziehen kann und will, weil er selbst digitaler Nomade ist? Und sobald eine gute Schulbildung für den Nachwuchs gesichert werden muss, hat dieses Arbeitsmodell mehr Nachteile als Vorteile. *Jan, Chemnitz*

f Es darf nicht vergessen werden, dass auch das Berufsleben aus mehr als nur Arbeit besteht: Mit wem wird die Mittagspause verbracht? Wer hat schon Lust, immer allein zu sein? Wer hat schon die Kraft, sich alle paar Wochen einen neuen Freundeskreis aufzubauen? *Sarah, München*

g Zeit- und raumflexibel zu arbeiten, wo und wann auch immer man will – vom Laptop, Smartphone oder Tablet aus – nennt man digitales Nomadentum. Das mag für manche zwar etwas traurig klingen, nach Verlust der Heimat, aber es ist das einzige dem 21. Jahrhundert angemessene Arbeitsmodell. *Janice, Magdeburg*

h Bei allen Vorzügen besteht doch die ständige Angst, zu viel zu reisen und zu wenig zu schaffen. Es ist letztlich alles eine Frage des Charakters: Um sein eigener Chef zu sein, ist auf jeden Fall ein hohes Maß an Selbstorganisation und Selbstdisziplin notwendig. *Katharina, Stuttgart*

Abbildung 24: *Goethe-Zertifikat B2*, Modellsatz Erwachsene, Modul *Lesen*, Teil 4, papierbasiert

Kann-Beschreibung

Kann lange und komplexe Texte rasch durchsuchen und wichtige Einzelinformationen auffinden.[59]

Prüfungsziel und -form

Dieser Teil präsentiert acht Kurzkommentare, die ein aktuelles, kontroverses Thema wie z. B. den Lebensstil sogenannter digitaler Nomaden in den Mittelpunkt stellen. Die acht Äußerungen mit einer Gesamtlänge von circa 330 Wörtern sollen den Überschriften (Items 22 bis 27) inhaltlich zugeordnet werden. Die Standpunkte sind teilweise implizit artikuliert.

Beispiel

Teil 5 vorgeschlagene Arbeitszeit: 6 Minuten

Sie möchten an der Universität Bremen studieren und lesen die Studienordnung. Welche der Überschriften aus dem Inhaltsverzeichnis passen zu den Paragraphen? Vier Überschriften werden nicht gebraucht.

Beispiel: 0 Lösung: c

Studienordnung für den Bachelorstudiengang Theaterwissenschaft

Inhaltsverzeichnis

a Abschluss des Bachelorstudiums

b Aufbau und Inhalte des Studiums

~~**c**~~ Studienbeginn

d Studiendauer und Studienvolumen

e Vermittlungsformen

f Zugangsvoraussetzungen

g Studienziele

h Auslandsaufenthalt

§ 0

Das Studium kann nur zum Wintersemester aufgenommen werden.

§ 28

Die allgemeine Qualifikation für das Studium wird durch ein Zeugnis der Hochschulzugangsberechtigung gemäß § 17 BremHG (insbesondere allgemeine Hochschulreife, fachgebundene Hochschulreife, Fachhochschulreife) oder ein durch Rechtsvorschrift oder von der zuständigen staatlichen Stelle als gleichwertig anerkanntes Zeugnis nachgewiesen.

Fachspezifisch:
- der Nachweis von Kenntnissen in Englisch (Gemeinsamer europäischer Referenzrahmen, Stufe B2) und einer weiteren modernen Fremdsprache (Gemeinsamer europäischer Referenzrahmen, Stufe B1) oder
- der Nachweis von Kenntnissen in Englisch (Gemeinsamer europäischer Referenzrahmen, Stufe B2) und Lateinkenntnissen jeweils vor Studienbeginn

§ 29

(1) Die Regelstudienzeit umfasst sechs Semester. Der Gesamtumfang des studentischen Arbeitsaufwandes für das Bachelorstudium Theaterwissenschaft beträgt 180 Leistungspunkte.

(2) Das Studium kann auch als Teilzeitstudium betrieben werden. Im Falle eines Teilzeitstudiums verringert sich der studentische Arbeitsaufwand pro Jahr entsprechend dem Anteil des Teilzeitstudiums. Die Regelstudienzeit verlängert sich entsprechend. Der Prüfungsausschuss entscheidet auf Antrag der/des Studierenden über den Anteil des Teilzeitstudiums.

§ 30

- Vorlesungen (V)
- Seminare (S)
- Übungen (Ü)
- Praktika (P)
- Tutorien (Tut).

Die Modulverantwortlichen können festlegen, dass eine Lernplattform begleitend zum Präsenzstudium für die Vermittlung von Lehrinhalten eingesetzt wird.

Abbildung 25: *Goethe-Zertifikat B2*, Modellsatz Erwachsene, Modul *Lesen*, Teil 5, papierbasiert

59 Europarat (2001), S. 75.

Kann-Beschreibung

Kann lange, komplexe Anleitungen im eigenen Fachgebiet verstehen, auch detaillierte Vorschriften oder Warnungen, sofern schwierige Passagen mehrmals gelesen werden können.[60]

Prüfungsziel und -form

Im abschließenden Teil des Moduls *Lesen* geht es um erwartungsgeleitetes Lesen, was durch die Position der Aufgaben vor dem Text deutlich gemacht wird. Intendiert ist zunächst ein Überfliegen des Textes und anschließend selektives, durch die Items gesteuertes Lesen. Unterstützt wird dieser Lesestil durch die als Überschriften dienenden Inhaltspunkte („Abschluss des Bachelorstudiums", „Aufbau und Inhalte des Studiums" usw.), die eine rasche Orientierung erlauben. Gelesen werden soll sorgfältig-genau, um wichtige Einzelheiten zu verstehen. Textgrundlage ist ein Informationstext mit instruktivem Charakter aus der öffentlichen Domäne wie z. B. eine Studienordnung. Der Text ist circa 200 Wörter lang. Die Teilnehmenden ordnen die Paragraphen (Items 28 bis 30) den jeweils passenden Textabschnitten zu. Vier Überschriften werden nicht gebraucht. Für die Bearbeitung dieses Teils sind sechs Minuten, d. h. circa zwei Minuten pro Item, vorgeschlagen.

5.2 Hören[61]

Zwischen den Prozessen des Hörverstehens und des Leseverstehens[62] gibt es weitgehende Parallelen. Allerdings kommt beim Hörverstehen den sogenannten „Echtzeit-Prozessen" größere Bedeutung zu als beim Leseverstehen[63], da die zu verarbeitende Information beim Hören nicht den gleichen Kontrollmöglichkeiten unterliegt wie beim Lesen. Während beim Lesen Textstellen mehrmals betrachtet oder aber übersprungen werden können, ist dies beim Hören nicht möglich. Außerdem ergeben sich beim Hören Probleme, wenn schnell oder undeutlich gesprochen wird. Das gilt für das Hörverstehen allgemein, nicht nur das Hören eines fremdsprachlichen Textes. Beim fremdsprachlichen Hörverstehen sind die „Echtzeit-Prozesse" allerdings besonders anfällig, weil die linguistischen Ressourcen in der Fremdsprache oft noch lückenhaft und weniger schnell verfügbar sind als in der Erstsprache. Hinzu kommt, dass Strategien, die nötig sind, um das Hören an die Erfordernisse der Hörsituation und der Aufgabenstellungen anzupassen, nicht ohne Weiteres von der Erst- in die Fremdsprache transferiert werden können bzw. in der Fremdsprache oft erst bewusst gemacht und trainiert werden müssen.

Hörverstehen wird in der Fachliteratur[64] überwiegend als aktiver und konstruktiver Prozess der Bedeutungsfindung dargestellt. Dabei treten Hörtexte und Wissen von Hörenden, vermittelt durch strategische Kompetenzen, in Interaktion. Der jeweilige Kontext des Hörens, beispielsweise die konkreten materiellen, sozialen und zeitlichen Bedingungen, hat einen erheblichen Einfluss auf das Verstehen. In soziolinguistischer Perspektive erscheinen Hörende als Sprachhandelnde, die auf rezeptive und interaktive Kompetenzen zurückgreifen, um mündliche kommunikative Aufgaben des öffentlichen und privaten ebenso wie des beruflichen und bildungsbezogenen Alltags zu bewältigen. Die Aufgaben können z. B. darin bestehen, eine Sendung im Radio oder eine Ansage auf dem Anrufbeantworter zu rezipieren. Oder es geht für die Lernenden darum, muttersprachliche Sprechende zu verstehen, sei es als Gesprächspartner/-innen in der direkten Interaktion, als Mithörende eines Gesprächs oder

60 Europarat (2001), S. 76.
61 Der Text in diesem Kapitel S. 51–52 basiert auf dem Handbuch B1, vgl. Glaboniat et.al. (2013) 6.2.
62 vgl. Kapitel 6.1.
63 vgl. u. a. Nold / Rossa (2006), Weir (2005), Rost (2002), Buck (2001), Solmecke (2000).
64 vgl. z. B. Joyce (2011).

als Zuhörende im Publikum. Mit Bezug auf solche Aufgaben und Rollen definiert der Referenzrahmen das Hörverstehen als „rezeptive kommunikative Aktivität", die mit verschiedenen Hör-Absichten verbunden ist. Solche Absichten sind:

- global verstehen (erfahren, was gemeint ist),
- selektiv verstehen (eine ganz bestimmte Information erhalten),
- detailliert verstehen (das Gesprochene in allen Einzelheiten verstehen, Schlussfolgerungen ziehen können usw.).[65]

Lernende sollen je nach Verstehensziel einen Hörtext unterschiedlich genau verstehen können: Geht es darum zu erfahren, was das Thema eines Radiobeitrags ist, sollte anders gehört werden, als wenn das Verstehensziel darin besteht, einem Wetterbericht Informationen über das Regenrisiko von morgen zu entnehmen oder von einem Vortrag möglichst viel „mitzubekommen". Im ersten Fall ist globales Verstehen gefragt, im zweiten selektives und im dritten detailliertes. Die Art des Hörens wird auch von der Textsorte beeinflusst: Eine Wegerklärung z. B. muss in der Regel detailliert, eine Reportage dagegen nicht zwingend in allen Details verstanden werden. Auf der Basis dieser Überlegungen werden im Testkonstrukt *Hören* des *Goethe-Zertifikats B2* folgende Parameter angesetzt und zielgruppenspezifisch sowie niveaubezogen in Aufgaben spezifiziert:

- Kontexte des Hörens: Handlungsfelder, Lebensbereiche, Situationen und Themen,
- Höraktivitäten: als Zuhörer/-in im Publikum verstehen, Gespräche zwischen Muttersprachlerinnen/Muttersprachlern verstehen, Radiosendungen und Tonaufnahmen verstehen, Alltagsgespräche, Informationen, Aussagen, Vorträge verstehen,
- Texttypen: kurze und längere monologische und dialogische Texte mit verschiedenen Funktionen, darunter narrative, explikativ-deskriptive und argumentative,
- Hörstile: globales, selektives und detailliertes Verstehen.

Auch hier gilt einschränkend ähnlich wie beim Lesen: Zwar lässt sich eine Aufgabe so konstruieren, dass globales Lesen nahegelegt wird, aber ob die Prüfungsteilnehmenden tatsächlich global hören statt detailliert, lässt sich nicht vorhersagen bzw. ließe sich nur in empirischen Untersuchungen feststellen.

Hörfähigkeit auf Niveau B2

Lernende auf Niveau B2 können mit einer Bandbreite an Themen jenseits des Vertrauten sowie mit authentischen Quellen zurechtkommen. Sie haben die für das Hörverstehen notwendigen Entschlüsselungstechniken ausreichend automatisiert, sodass sie sich auf das Verständnis eines Textes als Ganzes konzentrieren können. Ihre Verarbeitungsleistung in Bezug auf verschiedene sprachliche Funktionen von Texten und Aussagen ist umfassend. Sie können auch mit abstrakten Inhalten sowie mit längeren Äußerungen umgehen, wie sie für Vorträge, Vorlesungen, Diskussionen im akademischen und professionellen Kontext üblich sind, solange diese klar strukturiert sind.[66]

65 Europarat (2001), S. 71.
66 Surveylang Inception report, S. 48.

Teil	Aktivität Verstehensziele	Texttyp	Hörstil	Format	Items/ Punkte
1	*Alltagsgespräche, Ankündigungen und Mitteilungen verstehen*	mono- und dialogisch live, medial informativ	global und selektiv	Wahl (2-gliedrig) Wahl (3-gliedrig)	10
2	*Implizite Informationen verstehen*	dialogisch Radio informativ	selektiv	Wahl (3-gliedrig)	6
3	*Subjektive Aussagen verstehen*	multilogisch Radio argumentativ	global und detailliert	Zuordnung	6
4	*Kurze Vorträge verstehen*	monologisch live erklärend	detailliert	Wahl (3-gliedrig)	8

Abbildung 26: *Goethe-Zertifikat B2*, Prüfungsziele und -formen im Modul *Hören*

Das Modul *Hören* besteht aus vier Teilen und umfasst circa 1.900 Wörter sowie 30 Items. Die Gesamtlänge des Tonträgers beträgt maximal 40 Minuten. Die Pausen sind hierbei bereits einkalkuliert. Am Ende des vierten Teils haben die Teilnehmenden fünf Minuten Zeit, die Lösungen auf die Antwortbogen zu übertragen, wobei dieses Übertragen auf dem Tonträger angesagt wird. Hilfsmittel wie Wörterbücher oder die Benutzung des Mobiltelefons sind nicht gestattet.

Die vier Teile überprüfen unterschiedliche Aspekte der fremdsprachlichen Hörfähigkeit: Die Prüfungsteilnehmenden werden in verschiedene Situationen versetzt, sie treten mit unterschiedlichen Rollen der Hörenden, Höraktivitäten und Textsorten in Kontakt und sollen dabei verschiedene Verstehensziele erreichen sowie dazu passende Hörstile anwenden. Sie sollen zeigen, dass sie von (nah-)authentischen, professionell gesprochenen deutschsprachigen Texten aus dem persönlichen, öffentlichen, beruflichen oder schulischen Alltag Hauptaussagen und Einzelheiten verstehen. Je nach Aufgabe sollen verschiedene Hörstile aktiviert werden, wobei globales und selektives Hören ebenso überprüft wird wie detailliertes. Berücksichtigt werden monologische und dialogische Texte sowie in Teil 3 ein multilogischer Text in Form eines Gesprächs zwischen drei Personen. Es gibt in Teil 1 Kurztexte mit beschreibenden und auffordernden Elementen, in Teil 2 ein Radiointerview, in Teil 3 ein meinungsbetontes Gespräch und in Teil 4 einen vortragsähnlichen Monolog mit erklärenden Passagen. Das jeweilige Sprechtempo ist wie bei Muttersprachler/-innen. Eine Hälfte der Aufnahmen wird nur einmal gehört (Teil 1 und 3), die andere zweimal (Teil 2 und 4).

Aufgabe 1 und 2

J1: Warum liest du Romane?

MÄ1: Dabei kann ich mich gut entspannen. Wenn ich lese, vergesse ich die Welt um mich herum. Ich befinde mich in einer märchenhaften Welt, kann mit den Romanhelden fühlen und die Geschichte miterleben. Danach fühle ich mich wie andere nach einem Bad oder nach der Sauna. Filme mag ich nicht so sehr. Da ist mir alles viel zu real. Da jagt eine Szene die nächste. Man kommt gar nicht zum Nachdenken.

Jeder Teil besteht aus einer Situierung und Anweisung, den Aufgaben bzw. Items und dem (den) Hörtext(en). Ein Beispiel-Item ist dann vorangestellt, wenn ein Antwortformat eingeführt wird (Teil 1) oder wechselt (Teil 3). Die Nennung der Textsorten und der Sprechenden soll es den Prüfungsteilnehmenden erlauben, sich in die jeweilige Rolle des Hörenden hineinzuversetzen, das intendierte Verstehensziel zu erfassen und dazu passende Hörstile zu aktivieren. Teil 1 kommt ohne Situierung aus, weil das jeweils erste Item auf globale(re)s Verstehen abzielt. Verstanden werden soll z. B., ob es sich um einen Bericht über einen Ferienjob handelt.

Sprache, Strukturen und Wortschatz sämtlicher Texte entsprechen dem Niveau B2 des *Referenzrahmens*. In den Items und an lösungsrelevanten Stellen der gehörten Texte geht der verwendete Wortschatz nicht über die B2-Wortliste in *Profile Deutsch* hinaus.[67] An nicht direkt lösungsrelevanten Textstellen kann der Wortschatz über diese B2-Wortliste hinausgehen. In diesem Falle wird erwartet, dass die Teilnehmenden ihre strategischen Kompetenzen einsetzen, wozu auch gehört, Lücken im Verständnis zu „überhören".

Beispiel

Teil 1

Sie hören fünf Gespräche und Äußerungen.
Sie hören jeden Text **einmal**. Zu jedem Text lösen Sie zwei Aufgaben. Wählen Sie bei jeder Aufgabe die richtige Lösung.
Lesen Sie jetzt das Beispiel. Dazu haben Sie 15 Sekunden Zeit.

Beispiel

01 Die Frau fragt nach Freizeitaktivitäten im Sommer. [Richtig] [~~Falsch~~ ☒]

02 Für die Angebote, die etwas kosten, muss man sich ...
- [a] im Internet anmelden.
- [b] vor dem 1. Juni anmelden.
- [☒ c] persönlich anmelden.

1 Eine junge Frau spricht darüber, warum sie sich für Literatur interessiert. [Richtig] [Falsch]

2 Welche Meinung hat die Frau über das Lesen?
- [a] Zum Romanlesen braucht sie ihre Fantasie.
- [b] Sie hat oft zu wenig Zeit, sich eigene Gedanken zu machen.
- [c] Was sie gelesen hat, bleibt nicht lang im Gedächtnis.

Abbildung 27: *Goethe-Zertifikat B2*, Modellsatz Erwachsene, Modul *Hören*, Teil 1, papierbasiert

Kann-Beschreibungen

Kann Ankündigungen und Mitteilungen zu konkreten und abstrakten Themen verstehen, die in normaler Geschwindigkeit in Standardsprache gesprochen werden.[68]

Prüfungsziel und -form

Die Prüfungsteilnehmenden hören fünf alltagsbezogene Gespräche, telefonische Ansagen oder Ankündigungen sowie Beiträge aus dem Radio. Es handelt sich um kurze Texte im Umfang von je 100 Wörtern, insgesamt ist der Text also circa 500 Wörter lang. Sie hören diese Texte einmal und lösen zu jedem Text zwei Aufgaben. Die intendierten Hörstile sind global und selektiv. Damit sollen zwei verschiedene Verstehensziele erreicht werden: Das Verstehen einer globaleren Aussage oder einer Hauptaussage im ersten Item, überprüft durch das Richtig/Falsch-Format, und das Verstehen wichtiger Einzelheiten im zweiten Item. Überprüft wird dies durch ein dreigliedriges Auswahlformat. Es sind zehn Items zu bearbeiten. Vor dem Hören der Texte gibt es jeweils eine Pause, in der die Aufgaben gelesen werden können.

67 vgl. Glaboniat et al. (2012).
68 Europarat (2001), S. 73.

Beispiel

Teil 2

Sie hören im Radio ein Interview mit einer Persönlichkeit aus der Wissenschaft.
Sie hören jeden Text **zweimal**. Wählen Sie bei jeder Aufgabe die richtige Lösung.
Lesen Sie jetzt die Aufgaben 11 bis 16. Dazu haben Sie 90 Sekunden Zeit.

11 Frau Neuhaus findet es für unsere zukünftige Ernährung wichtig, ...
- a an die Konsequenzen unserer Entscheidung zu denken.
- b uns mit Fleisch und Fisch zu ernähren.
- c mehr Erbsen und Sojabohnen zu essen.

12 Was ist die Ursache für wachsenden Fleischkonsum?
- a Die Fleischproduktion ist gestiegen.
- b Die Weltbevölkerung ist gewachsen.
- c Mehr Menschen haben genug Geld für Fleisch.

Abbildung 28: *Goethe-Zertifikat B2*, Modellsatz Erwachsene, Modul *Hören*, Teil 2, papierbasiert

Teil 2

Sie hören im Radio ein Interview mit einer Persönlichkeit aus der Wissenschaft.
Sie hören den Text **zweimal**. Wählen Sie bei jeder Aufgabe die richtige Lösung.
Lesen Sie jetzt die Aufgaben 11 bis 16. Dazu haben Sie 90 Sekunden Zeit.

Moderator:	Ich begrüße heute Doktor Helene Neuhaus, Leiterin des Instituts für „gesunde Ernährung und nachhaltige Lebensmittelproduktion". Sie sagt: Wir müssen unsere Ernährungsgewohnheiten und unsere Lebensmittelproduktion in Zukunft radikal umstellen. Fangen wir mal mit der Ernährung an, Frau Neuhaus: Was muss sich da vor allem ändern?
Frau Neuhaus:	Auf jeden Fall ist es gut, wenn wir uns über die Folgen unserer Ernährung bewusst werden. Was bedeutet es für die Umwelt, wenn ich mich für ein bestimmtes Essen entscheide? Was hat das für Konsequenzen, wenn ich Fisch oder Rindfleisch wähle, oder wenn ich mich stattdessen vegetarisch ernähre, das heißt vielleicht Sojabohnen oder Erbsen esse, um Proteine zu mir zu nehmen?
Moderator:	Bleiben wir vielleicht mal beim Fleisch, weil ja viele sagen, das können wir uns auf Dauer gar nicht leisten, so viel Fleischkonsum.
Frau Neuhaus:	Wie ernähren wir die wachsende Weltbevölkerung, ist ja die Frage, die dahinter steht. Wir beobachten heute: Es gibt in vielen Ländern immer mehr Menschen, die sich Fleisch leisten können. So entsteht eine wachsende Nachfrage nach Fleisch. Man kann dort aber nicht einfach die Fleischproduktion entsprechend erhöhen.
Moderator:	Aber womit lässt sich Fleisch denn ersetzen?

Abbildung 29: *Goethe-Zertifikat B2*, Modellsatz Erwachsene, Modul *Hören*, Teil 2, Transkript

Kann-Beschreibung

Kann die Hauptaussagen von inhaltlich und sprachlich komplexen Vorlesungen, Reden, Berichten und anderen akademischen und berufsbezogenen Präsentationen verstehen.[69]

Prüfungsziel und -form

In Teil 2 geht es um das Verstehen von Beiträgen in den Medien. Er präsentiert ein Radiointerview mit einer Persönlichkeit aus der Kunst- und Kulturszene oder der Wissenschaft. Der Hörtext ist dialogisch strukturiert: Die Teilnehmenden hören ein Gespräch mit informativem

69 Europarat (2001), S. 72.

Charakter, das im formellen, sachlichen Register geführt wird. Ziel ist detailliertes Hören, d. h. genaues Verstehen von Hauptpunkten und wichtigen Einzelheiten. Der Text darf zweimal gehört werden. Die Teilnehmenden haben 60 Sekunden Zeit, um zu dem 440 Wörter langen Text sechs Items vor dem Hören zu lesen. Überprüft wird das Verständnis durch eine Mehrfachwahlaufgabe, bei der die Prüfungsteilnehmenden die richtige Antwort aus drei Optionen ankreuzen.

Beispiel

Teil 3

Sie hören im Radio ein Gespräch mit mehreren Personen.
Sie hören den Text **einmal**. Wählen Sie bei den Aufgaben: Wer sagt das?
Lesen Sie jetzt die Aufgaben 17 bis 22. Dazu haben Sie 60 Sekunden Zeit.

Beispiel:

0 In deutschen Großstädten spielen alternative Wohnformen eine Rolle.

☒ Moderator b Studentin c Seniorin

17 Er/Sie lebt aus finanziellen Gründen mit anderen zusammen.

a Moderator b Studentin c Seniorin

18 Eine WG-Wohnung sollte auch Raum zum Alleinsein bieten.

a Moderator b Studentin c Seniorin

Moderator:	Schön, dass Sie mit dabei sind, hier bei Radio LOLA. Heute geht es um die Frage: Wohnungsnot und steigende Mietpreise. Welche Alternativen gibt es eigentlich in Städten wie Berlin, München und Hamburg? Sind Wohngemeinschaften ein Ausweg aus der Wohnungsnot? Mein erster Gast im Studio ist Lisa Gerster. Sie hat vor zwei Monaten ihr Studium abgeschlossen.
Lisa Gerster:	Hallo.
Moderator:	Hallo, Sie haben Erfahrung mit Wohngemeinschaften.
Lisa Gerster:	Ja, das kann man sagen. Seit meinem Studium wohne ich in einer WG. Das sind jetzt fünf Jahre.
Moderator:	Da konnten Sie sicher einige Erfahrungen sammeln. Außerdem begrüße ich im Studio Emma Lück, eine Seniorin, die eine andere Möglichkeit des Zusammenlebens ausprobiert.
Frau Lück:	Ja, guten Tag.

Abbildung 30a: *Goethe-Zertifikat B2*, Modellsatz Erwachsene, Modul *Hören*, Teil 3 mit Transkript, papierbasiert

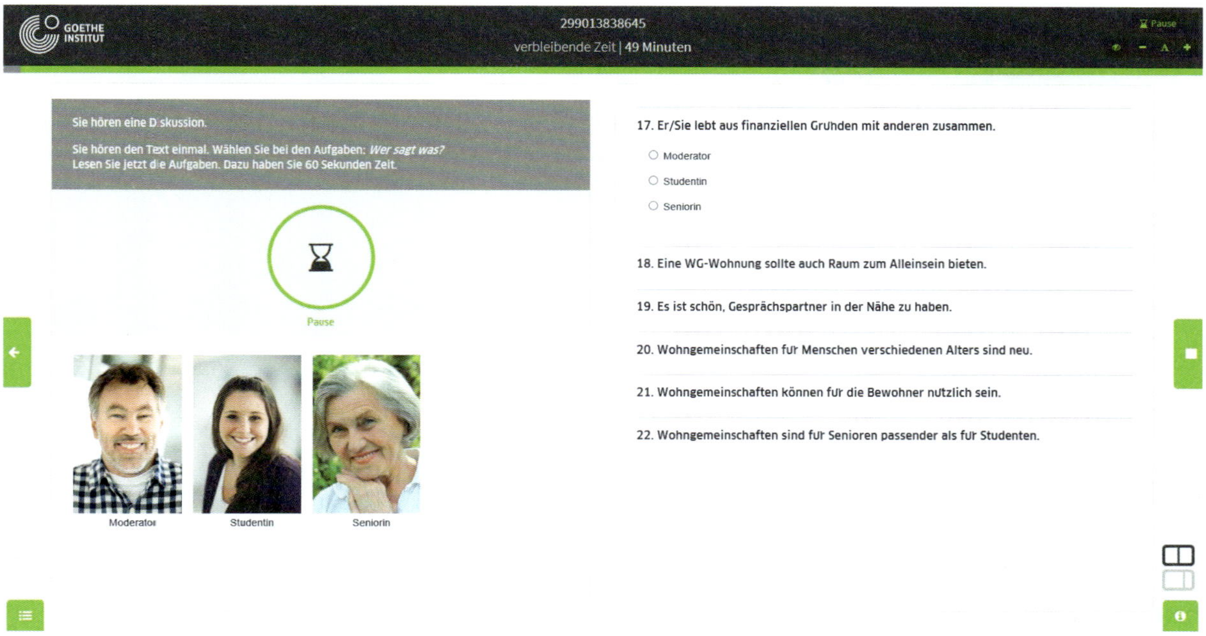

Abbildung 30b: *Goethe-Zertifikat B2*, Modellsatz Erwachsene, Modul *Hören*, Teil 3 mit Transkript, computerbasiert

Kann-Beschreibung

Kann mit einiger Anstrengung vieles verstehen, was in Gesprächen, die in ihrer/seiner Gegenwart geführt werden, gesagt wird, dürfte aber Schwierigkeiten haben, sich wirklich an Gruppengesprächen mit Muttersprachlern zu beteiligen, die ihre Sprache in keiner Weise anpassen.[70]

Prüfungsziel und -form

In Teil 3 des Moduls *Hören* hören die Teilnehmenden ein längeres, informelles Gespräch. Es handelt sich um ein Gespräch zwischen Personen, die sich nicht kennen. Gesprochen wird über alltägliche Themen und besondere Erlebnisse. Der Text ist circa 520 Wörter lang und wird einmal gehört. Ziel ist auswählendes, aber detailliertes Hören, d. h. genaues Verstehen von Hauptpunkten und wichtigen Einzelheiten. Analog zu Teil 2 wird die Aufgabe klar situiert und wiederum haben die Teilnehmenden 60 Sekunden Zeit, um die insgesamt sieben Items vor dem Hören zu lesen. Dies soll es ihnen ermöglichen, sich in die Rolle einer/eines Hörenden einzudenken und den intendierten Hörstil zu aktivieren.

Die Aufgabe besteht darin, den am Gespräch Beteiligten bestimmte Aussagen zuzuordnen. Das Antwortformat ist also eine Zuordnung, das intendierte Verstehensziel global auf der Ebene einzelner Sätze oder kurzer Passagen. Damit die Teilnehmenden die drei Gesprächsteilnehmenden klar auseinanderhalten können, werden bei der Aufgabenkonstruktion und bei den Höraufnahmen zwei Maßnahmen getroffen: Zum einen wird auf deutliche Unterscheidbarkeit der Stimmen geachtet, zum andern darauf, dass sich die Beteiligten gelegentlich mit dem Namen ansprechen.

Auch die Aufgaben zum Hören wurden parallel zu der papierbasierten Version aufgebaut. **Digital** laufen die Audiodateien automatisiert ab und Teilnehmende können zwischen den Aufgaben hin- und herspringen. Ein Vorteil ist hier, dass der Teilnehmende die Lautstärke am Bildschirm selbst regeln kann. Außerdem bekommen Teilnehmende die ablaufende Zeit angezeigt und sehen so, wie lange das Hörverstehen noch dauert.

70 Europarat (2001), S. 72.

Beispiel

Teil 4

Sie hören einen kurzen Vortrag. Der Redner spricht über das Thema „Bessere Arbeitstechniken“. Sie hören jeden Text **zweimal**. Wählen Sie bei jeder Aufgabe die richtige Lösung. Lesen Sie jetzt die Aufgaben 23 bis 30. Dazu haben Sie 90 Sekunden Zeit.

23 Es dauert mehr als 20 Minuten, ...

- a nach einer Störung umzuschalten.
- b eine Aufgabe zu erledigen.
- c sich in eine neue Aufgabe einzuarbeiten.

24 Was meint Herr Kinigard mit „leeren Kalorien“?

- a Inhaltslose Dinge
- b Informationen, die nicht relevant sind
- c Dinge, die sehr komplex sind

Herzlich willkommen, meine sehr verehrten Damen und Herren, zu meinem Vortrag „Ordnung im Kopf“. Ich bin Jochen Kinigard von der Universität Bonn.

Wer kennt das nicht? Man versucht, zu arbeiten, doch ständig wandern die Augen zu den ungelesenen E-Mails auf dem Bildschirm, zum blinkenden oder klingelnden Handy oder den noch zu erledigenden Aufgaben. Bis zu 23 Minuten kann es nach solchen Störungen dauern, bis wir wieder fokussiert arbeiten und im „Flow“ sind, wie wir das nennen. Um danach wirklich runterzukommen, also im Kopf von Arbeit auf Freizeit umzuschalten, dauert es oftmals weit länger.

Abbildung 31: *Goethe-Zertifikat B2*, Modellsatz Erwachsene, Modul *Hören*, Teil 4 mit Transkript

Kann-Beschreibung

Kann die Hauptaussagen von inhaltlich und sprachlich komplexen Vorlesungen, Reden, Berichten und anderen akademischen oder berufsbezogenen Präsentationen verstehen.[71]

Prüfungsziel und -form

In Teil 4 befinden sich die Prüfungsteilnehmenden in der Rolle einer/eines Zuhörenden im Publikum. Sie folgen einem Vortrag, z. B. zum Thema „Ordnung im Kopf“. Der Kontext kann öffentlich, beruflich oder schulisch sein. Sie sollen durch genaues, detailliertes Hören die Sachinformationen des Vortragenden verstehen. Der Text mit einer maximalen Länge von 430 Wörtern wird zweimal gehört. Vor dem Hören haben die Teilnehmenden 90 Sekunden Zeit, die insgesamt acht Items zu lesen.

5.3 Schreiben

Schriftliche Interaktion/Produktion wird im *Goethe-Zertifikat B2* als soziales Handeln gesehen, das in einem bestimmbaren Kontext stattfindet. Schriftliche Interaktion und Produktion verfolgen jeweils einen Zweck, der im Hinblick auf eine/-n Empfänger/-in formuliert ist. Die/Der Schreibende hat ein bestimmtes Verhältnis zu der von ihr/ihm anvisierten Leserschaft. Mit dieser Leserschaft möchte sie/er zum Beispiel ihr/sein Wissen oder ihre/seine Meinung zu einem bestimmten Thema teilen. Auch bei schriftlichen Diskussionsbeiträgen wird für eine/-n Leser/-in geschrieben, doch ist diese/-r nur mehr oder minder implizit angesprochen.

71 Europarat (2001), S. 72.

Das dem *Goethe-Zertifikat B2* zugrunde gelegte Konstrukt berücksichtigt folgende kognitive bzw. psycholinguistische Prozesse und kontextuelle Parameter:

- Rezipient/-in: Welches Verständnis hat die/der Schreibende vom Wissen, von den Interessen und Erwartungen und den sprachlichen Konventionen des Lesenden, soweit diese bestimmbar sind?
- Schreibanlass: Welche Situation oder welches inhaltliche Anliegen motiviert das Schreiben?
- Textorganisation: Welche Verbindungen bestehen zwischen Schreibabsichten und den Gedanken, die Schreibende durch ihr Schreiben transportieren?
- Wissen: Welche Anforderungen stellen Schreibaufgaben an das Wissen der Schreibenden? Hierzu gehören strukturelles und pragmatisches Wissen[72], Sprach- und Diskurswissen, funktionales und soziolinguistisches Wissen sowie Inhaltswissen.

Dieser sozio-kognitive Ansatz richtet die Aufmerksamkeit sowohl auf kontextabhängige als auch auf kognitive Validität. Zur kognitiven Validität gehört, dass eine Definition der Schreibfähigkeit für eine weltweit durchgeführte Deutschprüfung Alter, Bildungsstand sowie Lese- und Schreibfähigkeit der Zielgruppe von erwachsenen bzw. jugendlichen Schreibenden in der Fremdsprache Deutsch berücksichtigt. Die Prüfung bietet anspruchsvollere Textsorten und Kontexte an, die der Zielgruppe im realen Alltag begegnen und ihr vertraut sind, beispielsweise Forumsbeiträge im Internet und digital übermittelte Mitteilungen im Berufsalltag.

Zur kontextabhängigen Validität gehören das kommunikative Aufgabenziel, z. B. etwas berichten, eine Einladung ablehnen oder Ähnliches, und die Spezifizierung der angeschriebenen Personen, z. B. eine Vorgesetzte etc. Der Kontext muss motivieren, in der Fremdsprache und nicht in der Muttersprache zu schreiben. Schließlich gehören zur kontextabhängigen Validität die Prüfungsbedingungen, z. B. die zur Verfügung stehende Zeit, die Länge, die Vertrautheit der Schreibenden mit den Kriterien, nach denen sie bewertet werden, beispielsweise die erwartete Länge, die erwartete Anrede und Grußformel.

Schreibfähigkeit auf Niveau B2

B2-Lernende können einen Text mit Blick auf eine bestimmte Leserschaft planen und verfassen und darin eigene Argumente effektiv organisieren. Sie übermitteln Informationen und Ideen über abstrakte und konkrete Themen und bringen in ihrer Korrespondenz unterschiedliche Grade an Emotionalität zum Ausdruck. Sie produzieren klare, detaillierte Texte zu einer Bandbreite von Themen, die einen Bezug zu ihren eigenen Interessen haben. Sie schreiben Aufsätze und Beiträge, entwickeln eigene Argumentationen, indem Gründe angeführt werden, die eine bestimmte Sichtweise unterstützen, sie erläutern Vor- und Nachteile verschiedener Optionen.

72 Bachman / Palmer 1996.

Teil	Aktivität	Texttyp	Domäne	Format	Textlänge Wörter	Zeit Min
1	*Produktion:* *Meinungsäußerung verfassen*	Forumsbeitrag	öffentlich sachlich-neutral	Teilnehmende schreiben einen freien Text: Meinung äußern, begründen, etwas vorschlagen, Vor- und Nachteile erläutern	150	50
2	*Interaktion* *Korrespondenz:* *Persönliche Mitteilung verfassen*	digitale Nachricht	beruflich formell	Teilnehmende schreiben einen freien Text: erklären, beschreiben, etwas vorschlagen, höflich bitten	100	25

Abbildung 32: Prüfungsziele und Formen, *Goethe-Zertifikat B2*, Modul *Schreiben*

Die Prüfungsteilnehmenden stellen ihre Schreibfähigkeit auf Deutsch anhand von zwei Anlässen unter Beweis. Beim Teil 1 handelt es sich um eine schriftliche Produktion. Im zweiten Teil wird schriftliche Interaktion in Form eines betriebsinternen Schriftverkehrs verlangt. Die Prüfungsteilnehmenden zeigen, dass sie unterschiedliche Adressatinnen/Adressaten soziokulturell angemessen ansprechen können. Sie schalten sich im neutralen Register mit einem eigenen schriftlichen Beitrag in den öffentlichen Diskurs eines Diskussionsforums ein, wenden sich im formellen Register bzw. der Sie-Form an eine ihnen persönlich bekannte Person. In den Schreibprodukten sollen die Prüfungsteilnehmenden verschiedene sprachliche Funktionen realisieren: z. B. ein reales oder fiktives Phänomen aus dem Alltag benennen, Informationen dazu geben oder erfragen, ihre Meinung zu einem Diskussionspunkt äußern und begründen, Alternativen beschreiben, Vor- und Nachteile nennen, sich entschuldigen, Bitten vorbringen, einen Vorschlag machen. Die produzierten Texte sollen von mittlerer Länge sein, die Gesamtlänge beider Texte soll bei mindestens 250 Wörtern liegen.

Beispiel

Teil 1

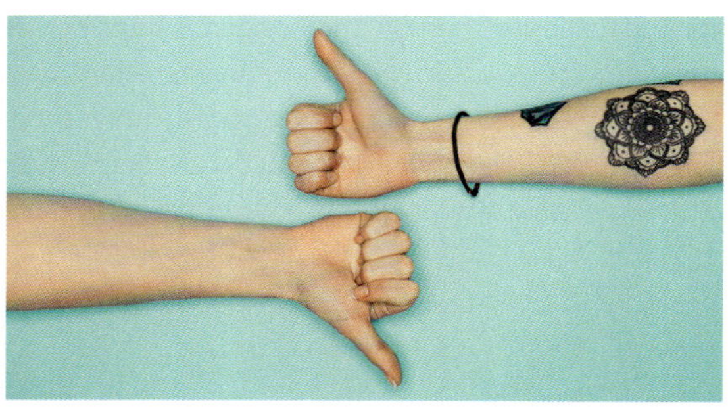

Du schreibst einen Forumsbeitrag für junge Leute zu Körperschmuck wie Tattoos oder Piercings.

- Äußere deine Meinung zu Tattoos und anderen Formen des Körperschmucks.
- Begründe, warum du für oder gegen solchen Schmuck bist.
- Schlage andere Möglichkeiten vor, wie man seinen Körper schmücken kann.
- Nenne die Vorteile der anderen Möglichkeiten.

Denke an eine Einleitung und einen Schluss. Bei der Bewertung wird darauf geachtet, wie genau die Inhaltspunkte bearbeitet sind, wie korrekt der Text ist und wie gut die Sätze und Abschnitte sprachlich miteinander verknüpft sind. Schreibe mindestens **150** Wörter.

Abbildung 33a: *Goethe-Zertifikat B2*, Modellsatz Jugendliche, Modul *Schreiben*, Teil 1, papierbasiert

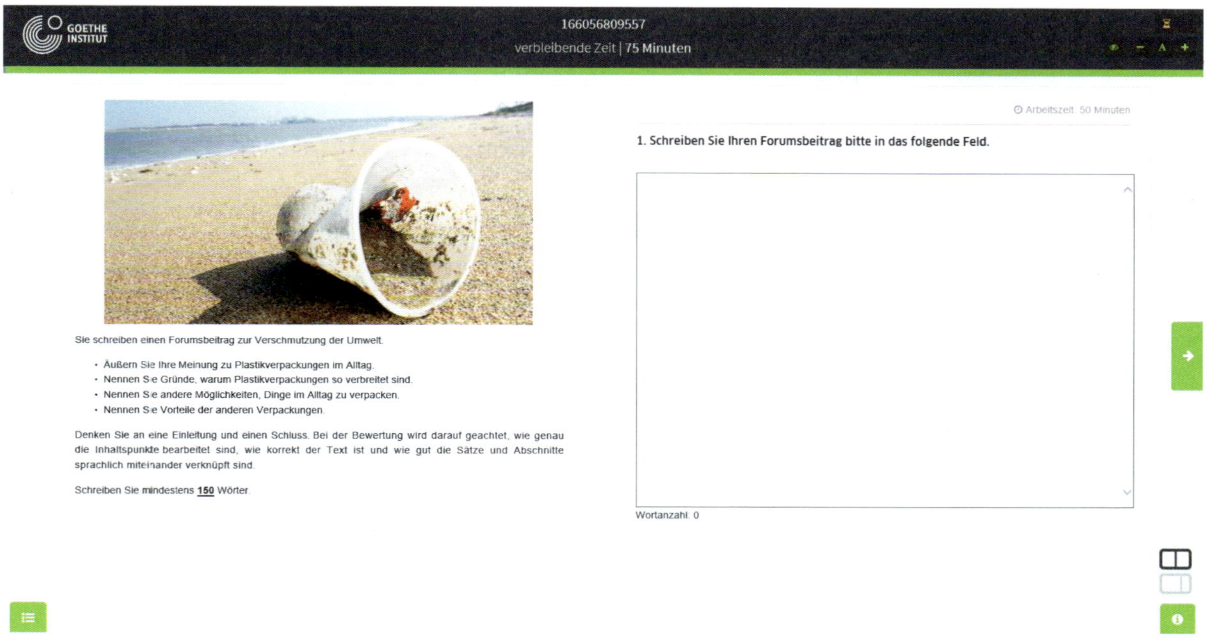

Abbildung 33b: *Goethe-Zertifikat B2*, Modellsatz Erwachsene, Modul *Schreiben*, Teil 1, computerbasiert

Kann-Beschreibung

Kann über eine Vielzahl von Themen, die sie/ihn interessieren, klare und detaillierte Texte schreiben.

Kann in einem Aufsatz oder Bericht etwas erörtern, dabei Gründe für oder gegen einen bestimmten Standpunkt angeben und die Vor- und Nachteile verschiedener Optionen erläutern.[73]

Prüfungsziel und -form

In diesem Teil geht es um die Teilhabe am gesellschaftlichen Diskurs im öffentlichen Bereich. Die Teilnehmenden sollen in neutralem Register schreiben. Ziel der Kommunikation ist es, Stellung zu einem Thema, das öffentlich diskutiert wird, zu nehmen. Die Prüfungsteilnehmenden schreiben einen Beitrag zu einem Diskussionsforum. Die eigene Meinung zum Diskussionsthema ist zu formulieren, mit Beispielen zu erläutern und zu begründen. Hierzu sollen Sprachhandlungen wie „seine Meinung bzw. Ansichten äußern und begründen", „Vor- und Nachteile nennen" und „Alternativen beschreiben", „eigene Erfahrungen berichten" und „etwas vorschlagen" realisiert werden. Eine Darlegung von Pro- und Contra-Aspekten soll sichtbar werden. Als Kontextualisierung enthält die Aufgabenstellung ein Bild. Die Prüfungsteilnehmenden sollen einen zusammenhängenden, schriftlichen Text von mindestens 150 Wörtern auf einen Antwortbogen schreiben. Im Rahmen der 75-minütigen Arbeitszeit für das Modul ist die empfohlene Arbeitszeit für diesen Teil 50 Minuten.

In der **digitalen** Version schreiben die Teilnehmenden ihre Texte zu den Schreibaufgaben mit Tastatur am Bildschirm (siehe Abbildung 33b, Kasten rechts). Die Wörter werden automatisch gezählt. Der Text wird gespeichert und nach der Prüfung auf der Plattform zur Bewertung freigegeben.

73 Europarat (2001), S. 36 und S. 68.

Beispiel

Teil 2 vorgeschlagene Arbeitszeit: 25 Minuten

Sie machen gerade ein Praktikum bei einer deutschen Firma. Sie haben derzeit so viel zu tun, dass Sie Ihre Arbeit nicht mehr schaffen. Schreiben Sie eine Nachricht an Ihren Vorgesetzten, Herrn Ebert.

Bitten Sie um Verständnis für Ihre Situation.

Beschreiben Sie, womit Sie beschäftigt sind.

Machen Sie einen Vorschlag für die kommenden Tage.

Zeigen Sie Verständnis für die Arbeitssituation in der Firma.

Überlegen Sie sich eine passende Reihenfolge für die Inhaltspunkte.
Bei der Bewertung wird darauf geachtet, wie genau die Inhaltspunkte bearbeitet sind, wie korrekt der Text ist und wie gut die Sätze und Abschnitte sprachlich miteinander verknüpft sind. Vergessen Sie nicht Anrede und Gruß. Schreiben Sie mindestens **100** Wörter.

Abbildung 34a: *Goethe-Zertifikat B2*, Modellsatz Erwachsene, Modul *Schreiben*, Teil 2, papierbasiert

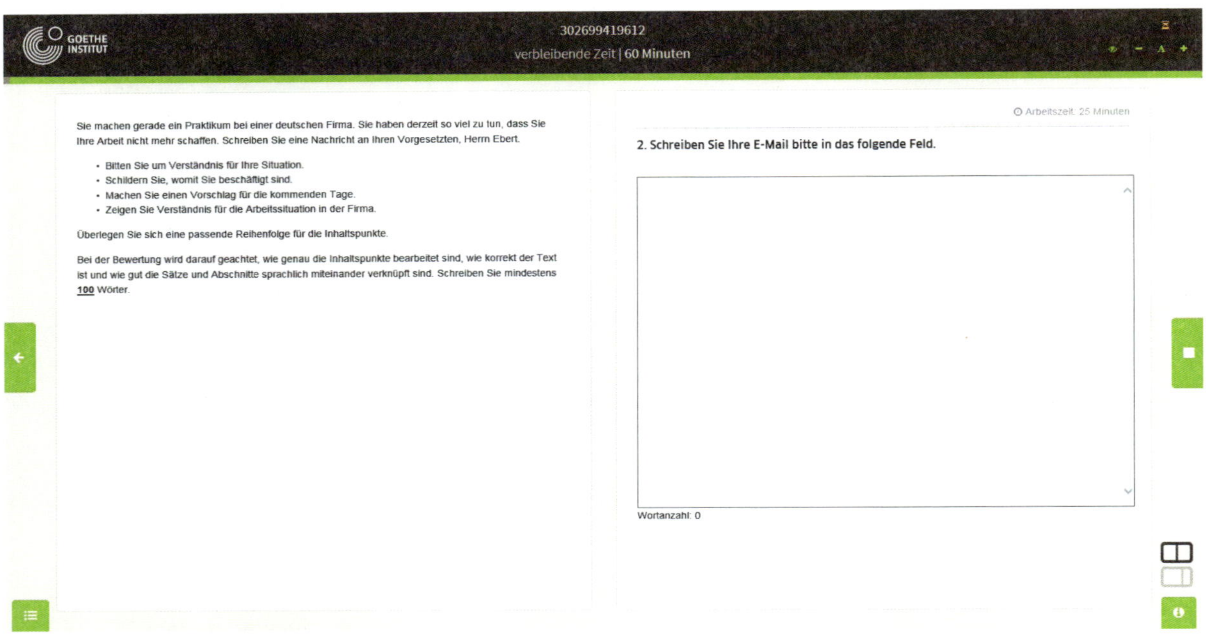

Abbildung 34b: *Goethe-Zertifikat B2*, Modellsatz Erwachsene, Modul *Schreiben*, Teil 2, computerbasiert

Kann-Beschreibung

Kann in Briefen verschieden starke Gefühle zum Ausdruck bringen und die persönliche Bedeutung von Ereignissen und Erfahrungen hervorheben sowie Mitteilungen oder Ansichten der Korrespondenzpartner kommentieren.[74]

74 Europarat (2001), S. 86.

Prüfungsziel und -form

In diesem Teil geht es um die Gestaltung sozialer Kontakte im beruflichen oder Bildungsbereich. Kommunikationspartner/-innen sind Kolleginnen/Kollegen, Vorgesetzte, Lehrkräfte, Tutorinnen/Tutoren etc. Die Teilnehmenden sollen in Bezug auf den Kontext soziokulturell angemessene Anrede- und Grußformeln und ein geeignetes Register einsetzen. Ziel der Kommunikation ist es, Themen anzusprechen, die eines Gefühls für den richtigen Ton bedürfen. Es geht darum, höflich um etwas zu bitten, Missverständnisse aufzuklären, Probleme zu benennen oder sich zu entschuldigen. Die Aufgabenstellung besteht aus einer Situation und vier Sprachhandlungen. Die Prüfungsteilnehmenden sollen einen der Situation angemessenen zusammenhängenden Text von mindestens 100 Wörtern schreiben. Im Rahmen der 75-minütigen Arbeitszeit für das Modul ist die empfohlene Arbeitszeit für diesen Teil 25 Minuten.

5.4 Sprechen

Ähnlich wie die Fertigkeit Schreiben stellt auch die mündliche Interaktion/Produktion keine isolierte Fertigkeit dar, sondern ist eine mit Hörverstehen in engem Zusammenhang stehende Kompetenz, die immer im Gesamtkontext der kommunikativen Situation betrachtet werden muss. Mit „Mündlicher Sprachhandlungskompetenz" bzw. „Kommunikationsfähigkeit" ist die Fähigkeit gemeint, in realitätsnahen Situationen kommunikativ angemessen zu handeln. Der soziolinguistischen, der strategischen sowie der Diskurskompetenz kommen dabei besondere Bedeutung zu. Bachman (1990) unterscheidet zwischen organisatorischer Kompetenz (Grammatische Kompetenz und Textkompetenz) sowie pragmatischer Kompetenz (Soziolinguistische Kompetenz und Illokutionäre Kompetenz), wobei er sich auf funktionale Ansätze (Sprachfunktionen) bezieht. In Details abweichend, aber im Aufbau grundsätzlich ähnlich ist das Modell des *Referenzrahmens*, das Diskurskompetenzen wie Flexibilität, Wechsel der Sprechenden, Themenentwicklung und Kohärenz heranzieht. Lernende der Stufe B2 werden im *Referenzrahmen* charakterisiert durch erfolgreiches Argumentieren: Kann in Diskussionen die eigenen Ansichten durch relevante Erklärungen, Argumente und Kommentare begründen und verteidigen; kann den eigenen Standpunkt zu einem Problem erklären und die Vor- und Nachteile verschiedener Alternativen angeben; kann ihre/seine Argumentation logisch aufbauen und verbinden; kann etwas erörtern und dabei Gründe für oder gegen einen bestimmten Standpunkt angeben.[75] Im Unterschied zu den Niveaus A sind Sprechende auf Niveau B unabhängiger von Hilfestellungen der Gesprächspartner/-innen. Es kann daher auch auf weniger bekannte Gesprächsverläufe reagiert werden. Diesen Modellen gemeinsam ist ein weit gefasster Begriff kommunikativer Kompetenz, der versucht, der Vielschichtigkeit und Komplexität mündlicher Sprachhandlungskompetenz Rechnung zu tragen. In der Fachdiskussion wird bezüglich des Sprechprozesses üblicherweise zwischen drei Phasen der Verarbeitung unterschieden[76]:

- In Phase 1 wird der Inhalt einer Mitteilung geplant,
- in Phase 2 wird er im Geiste versprachlicht,
- in Phase 3 als hörbare Mitteilung artikuliert.

In jeder dieser drei Phasen kann es zu Schwierigkeiten kommen: Schon die inhaltliche Planung einer Mitteilung hängt oft vom Verstehen des vorangegangenen Inputs durch die/den Gesprächspartner/-in ab. Bei der Versprachlichung der Mitteilung in der Fremdsprache geht es vor allem um die Anforderungen, „richtige" lexikalische, stilistische und morpho-syntaktische Entscheidungen zu treffen. Phase 3 betrifft vor allem die Anforderungen in Bezug auf Aussprache, Intonation und Ähnliches.

75 Europarat (2001), S. 42ff.
76 vgl. Levelt (1989), Scovel (1998), Bygate (2000).

In authentischer Interaktion können zwei weitere Aspekte eine erschwerende Rolle spielen und eine Herausforderung für die Gesprächspartner/-innen darstellen. Interaktion ist einerseits von Unvorhersehbarkeit geprägt – der Gesprächsverlauf kann durch das Gegenüber ständig verändert werden[77] – andererseits durch einen ständigen und raschen Rollenwechsel zwischen Sender/-in und Empfänger/-in. Die nahezu gleichzeitig gestellten Anforderungen, zwischen Produktion und Rezeption zu wechseln, stellen im Vergleich zur zeitlich versetzten Verarbeitung in der schriftlichen Interaktion (z. B. Brief- oder E-Mail-Korrespondenz) deutlich höhere Ansprüche an sprachlich Handelnde.

Ausgehend von den beschriebenen Modellen kommunikativer Kompetenz erfolgte die Entwicklung des Prüfungsmoduls *Sprechen* im *Goethe-Zertifikat B2* nach folgenden Prinzipien und Überlegungen: Im Sinne einer möglichst hohen Konstruktvalidität wird die mündliche Sprachhandlungsfähigkeit so direkt wie möglich überprüft. Gleichzeitig werden Erfordernisse der Praktikabilität und der Testökonomie berücksichtigt. Es wurden zwei Prüfungsteile festgelegt, innerhalb derer möglichst viele Einzelaspekte und Prüfungsziele realisiert werden.

Erreicht wird dies unter anderem durch

- einen Wechsel zwischen Produktion (Teil 1) und Interaktion (Teil 2),
- einen Wechsel zwischen den Domänen beruflich und (halb-)öffentlich,
- einen Wechsel zwischen (halb-)formellem und informellem Register,
- eine Einlagerung verschiedener Sprachfunktionen/Sprechhandlungen innerhalb der Teile.

Die Anforderungen und unterschiedlichen Aspekte mündlicher Kompetenz spiegeln sich nicht nur in den Prüfungsaufgaben, sondern auch in den Beurteilungskriterien wider. Da gerade die Beurteilung mündlicher Kompetenz anspruchsvoll ist, sind für die Qualität der Prüfung intensives Prüfungs- und Beurteilungstraining und detaillierte Durchführungsbestimmungen wichtig. Erst durch das Zusammenspiel all dieser Aspekte kann ein zufriedenstellendes Maß an Validität, Reliabilität und Objektivität gewährleistet werden.

Sprechfähigkeit auf Niveau B2

Sprechende auf dem Niveau B2 können gemäß der Definition des *Referenzrahmens (GER)* persönliche Meinungen ausdrücken, „[ihre] Meinung oder Reaktion klar machen, wenn es darum geht, ein Problem zu lösen" und sie können „höflich Überzeugungen und Meinungen, Zustimmung und Ablehnung ausdrücken".[78] Zudem können B2-Lernende eine „... vorbereitete, unkomplizierte Präsentation zu einem vertrauten Thema aus [ihrem] Fachgebiet so klar vortragen, dass man ihr meist mühelos folgen kann" sowie „... dem, was gesagt wird, im Allgemeinen folgen und, falls nötig, Teile von dem, was jemand gesagt hat, wiederholen, um gegenseitiges Verstehen zu sichern".[79] Die Aussprache und Intonation betreffend, sprechen Lernende auf B2-Niveau verständlich, trotz eines wahrnehmbaren Akzents. Im Ausdruck kann es noch zu elementaren Fehlern kommen, die das Verständnis allerdings nicht grundlegend stören. Die frequentesten grammatischen Strukturen werden auf diesem Niveau beherrscht.

77 vgl. Johnstone (2002).
78 Europarat (2001), S. 81.
79 Europarat (2001), S. 38.

Teil	Aktivität	Texttyp	Domäne	Format	Minuten
1	Produktion/ Interaktion Vor Publikum sprechen	Vortrag: Mono- und dialogisch	Studium/ Beruf	Teilnehmende tragen einen vorbereiteten Vortrag zu einem gewählten Thema vor; sie stellen und beantworten Nachfragen	4 pro Teilnehmende/-n
2	Interaktion: Argumente Pro und Contra erörtern	Gespräch: Dialogisch	Studium/ Beruf	Teilnehmende nehmen an einem Gespräch zu einer kontroversen Frage eine Position ein und vertreten diese argumentativ	5 für beide Teilnehmende zusammen

Abbildung 35: *Goethe-Zertifikat B2*, Prüfungsziele und -formen Modul *Sprechen*

Die Prüfungsteilnehmenden stellen ihre Sprechfähigkeit auf Deutsch anhand von zwei Sprechanlässen unter Beweis. Je nach Aufgabe sollen sie als sprachliche Aktivitäten folgende Funktionen realisieren: beschreiben, Vor- und Nachteile nennen in Teil 1, Meinung austauschen, auf Argumente reagieren und Positionen zusammenfassen in Teil 2. Sie sollen in Teil 1 ein Thema präsentieren, eine Frage zu einem gehörten Vortrag stellen und eine Frage zum eigenen Vortrag beantworten. Bei Teil 2 geht es um mündliche Interaktion, bei Teil 1 um mündliche Produktion. Die Prüfungsteilnehmenden zeigen, dass sie in der Prüfungssituation mit der/dem Prüfenden und der/dem Gesprächspartner/-in soziokulturell angemessen sprechen können. Sie sprechen mit der/dem Gesprächspartner/in bei Teil 2 in der Regel im informellen Register und richten sich bei Teil 1, bei der Präsentation und dem anschließenden Gespräch über den Vortrag, an die Prüfenden und die/den Gesprächspartner/-in im neutralen oder (halb-)formellen Register. Die produzierten mündlichen Leistungen sollen bei Teil 1 etwa vier Minuten pro Teilnehmende/-n, bei Teil 2 etwa fünf Minuten für beide Teilnehmende zusammen betragen. Die Gesamtlänge der mündlichen Leistung soll bei circa sechs bis sieben Minuten pro Teilnehmende/-n liegen. Eine darüber hinausgehende Prüfungszeit ist im Sinne des Bereitstellens von bewertbaren Leistungen nicht notwendig. Die Prüfung kann daher gegebenenfalls nach 15 Minuten beendet werden.

Durchführung

Die mündliche Prüfung wird in der Regel als Paarprüfung, d. h. mit zwei Prüfungsteilnehmenden, durchgeführt. In Ausnahmefällen, z. B. wenn nur (noch) eine Person zu prüfen ist, kommt es zur Einzelprüfung. Im Fall der Paarprüfung übernimmt jeweils eine/-r der Prüfenden (P1) die Rolle einer/eines Moderatorin/Moderators, die/der durch die Prüfung führt, während die/der andere Prüfende (P2) die Rolle einer/eines Assessorin/Assessors einnimmt. Im Fall einer Einzelprüfung übernimmt die/der Assessor/Assessorin die Rolle der/des Gesprächspartners/-partnerin (Interlokutor/-in). Die/Der Moderator/-in formuliert Stimuli gemäß der Hinweise zur mündlichen Prüfung, welche in den Prüferblättern abgedruckt sind. Die Prüfungsteilnehmenden haben vor Beginn der Prüfung 15 Minuten Zeit, sich in einem dafür vorgesehenen Raum, unter Aufsicht und ohne Hilfsmittel, vorzubereiten.

Für Teil 1 sind zwei Themen vorgegeben, aus denen eines ausgewählt werden soll. In Teil 2 bekommen die Prüfungsteilnehmenden ein Thema vorgegeben. Die Prüfungsteilnehmenden können in der Vorbereitung Notizen zu beiden Teilen machen.

Beispiel

Teil 1 Vortrag halten Dauer: circa acht Minuten für beide Teilnehmenden zusammen

Sie nehmen an einem Seminar teil und sollen dort einen kurzen Vortrag halten.
Wählen Sie ein Thema (A oder B) aus. Ihre Gesprächspartnerinnen/Ihre Gesprächspartner hören zu und stellen Ihnen anschließend Fragen.

Strukturieren Sie Ihren Vortrag mit einer Einleitung, einem Hauptteil und einem Schluss.
Ihre Notizen und Ideen schreiben Sie bitte in der Vorbereitungszeit auf.
Sprechen Sie circa 4 Minuten.

Thema A

Finanzierung des Studiums

- Beschreiben Sie mehrere Alternativen.
- Nennen Sie Vor- und Nachteile und bewerten Sie diese.
- Beschreiben Sie eine Möglichkeit genauer.

Thema B

Gesund leben

- Beschreiben Sie mehrere Bereiche (z. B. Bewegung).
- Beschreiben Sie einen Bereich genauer.
- Nennen Sie Vor- und Nachteile und bewerten Sie diese.

Abbildung 36: *Goethe-Zertifikat B2*, Modellsatz Erwachsene, Modul *Sprechen*, Teil 1

Kann-Beschreibung

Kann eine klare, vorbereitete Präsentation vortragen und dabei Gründe für oder gegen einen Standpunkt anführen und die Vor- und Nachteile verschiedener Alternativen angeben.[80]

Prüfungsziel und -form

In Teil 1 soll ein Thema präsentiert werden. Kommunikationspartner/-in sind die beiden Prüfenden und die/der Gesprächspartner/in, sie fungieren als Publikum. Die Teilnehmenden sollen in Bezug auf den (halb-)öffentlichen Charakter der Situation ein Thema in neutralem Register präsentieren. Ziel der Kommunikation ist, ein gewähltes Thema ausführlich vorzustellen, dabei den Vortrag mit Beispielen zu belegen, Vor- und Nachteile zu erläutern, die persönliche Meinung zum Thema zu äußern und am Ende den Vortrag entsprechend abzuschließen. Hierzu sollen Sprachhandlungen wie von eigenen Erfahrungen berichten, Vor- und Nachteile benennen und seine Meinung bzw. Ansichten ausdrücken, realisiert werden. Die Prüfungsteilnehmenden haben in der Vorbereitung aus zwei Themen ein Thema gewählt. Die Präsentation wird frei vorgetragen, die Teilnehmenden können ihre Notizen aus der Vorbereitung benutzen, sollen aber nicht vom Blatt ablesen. Während der Präsentation hören die/der zweite Prüfungsteilnehmende sowie die Prüfenden zu und können Notizen machen. Nach Abschluss der Präsentation der/des ersten Prüfungsteilnehmenden stellt die/der zweite Teilnehmende eine Frage dazu. Die/Der erste Prüfende (P1) stellt ebenfalls eine Frage. Sobald Rückmeldung und Fragestellungen abgeschlossen sind, beginnt die/der zweite Prüfungsteilnehmende mit ihrem/seinem Vortrag. Es folgt die Frage der/des ersten Prüfungsteilnehmenden.

80 Europarat (2001), S. 66.

Beispiel

Teil 2 Diskussion führen Dauer: circa fünf Minuten für beide Teilnehmenden zusammen

Vorlesung

Evaluationsbogen zur Vorlesung

Sie sind Teilnehmende eines Debattierclubs und diskutieren über die aktuelle Frage unten.

Sollen Studierende ihre Professoren beurteilen?

- Tauschen Sie zuerst Ihren Standpunkt und Ihre Argumente aus.
- Reagieren Sie dann auf die Argumente Ihrer Gesprächspartnerin/Ihres Gesprächspartners.
- Fassen Sie am Ende zusammen: Sind Sie dafür oder dagegen?

Sie können die Stichpunkte zu Hilfe nehmen.

Motivation nimmt zu/ab?

Unterricht wird besser/schlechter?

Fairness ist gegeben?

Beurteilung bleibt anonym?

...

Abbildung 37: *Goethe-Zertifikat B2*, Modellsatz Erwachsene, Modul *Sprechen*, Teil 2

Kann-Beschreibungen

Kann sich in vertrauten Situationen aktiv an informellen Diskussionen beteiligen, indem sie/er Stellung nimmt, einen Standpunkt klar darlegt, verschiedene Vorschläge beurteilt, Hypothesen aufstellt oder auf Hypothesen reagiert.[81]

Kann in Diskussionen die eigenen Ansichten durch relevante Erklärungen, Argumente und Kommentare begründen und verteidigen.[82]

81 Europarat (2001), S. 81.
82 Europarat (2001), S. 81.

Prüfungsziel und -form

Die Teilnehmenden sollen ihren Standpunkt und ihre Argumente zu einer kontroversen Frage austauschen und auf die Argumente ihrer Gesprächspartnerin / ihres Gesprächspartners reagieren. Am Ende sollen sie zusammenfassen, ob sie dafür oder dagegen sind. Ziel der Kommunikation ist der Austausch von Standpunkten und Pro- und Contra-Argumenten zum Thema sowie die Zusammenfassung des persönlichen Standpunktes am Ende der Diskussion.

Als Hilfestellung erhalten die Teilnehmenden vier Stichpunkte, die in die Diskussion eingebracht werden können. Darüber hinaus sollen eigene Ideen eingebracht werden. Zu einem gemeinsamen Konsens muss es nicht kommen, erwartet wird aber eine abschließende Zusammenfassung der Standpunkte.

Der Teil wird von der Moderatorin / von dem Moderator (P1) eingeleitet. Die Teilnehmenden werden aufgefordert, mit der Diskussion zu beginnen, das Wort wird dabei aber nicht an eine/-n Teilnehmende/-n erteilt. Nach Ende der Diskussion leitet die/der Moderator/-in die Verabschiedung ein.
In der Vorbereitungszeit erhalten beide Teilnehmenden dasselbe Thema.

5.5 Bewertung Rezeption: Lesen, Hören

Bei den Modulen *Lesen* und *Hören* erhalten die Teilnehmenden einen Antwortbogen zusätzlich zum Aufgabenblatt. Sie können ihre Lösungen sowohl zuerst auf dem Aufgabenblatt als auch gleich auf dem Antwortbogen markieren. Am Ende bzw. während der Prüfungszeit müssen die Teilnehmenden ihre Lösungen auf den Antwortbogen durch Markieren der vorgegebenen Felder übertragen. Die Markierungen werden im Prüfungszentrum entweder maschinell eingelesen oder an kleineren Prüfungszentren von zwei Bewertenden per Schablone ausgewertet. Um bei der maschinellen Auswertung Lesefehler zu vermeiden, müssen die Markierungen genau nach den Anweisungen erfolgen, die auf dem Antwortbogen aufgedruckt sind. Das gilt besonders für Korrekturen.[83]

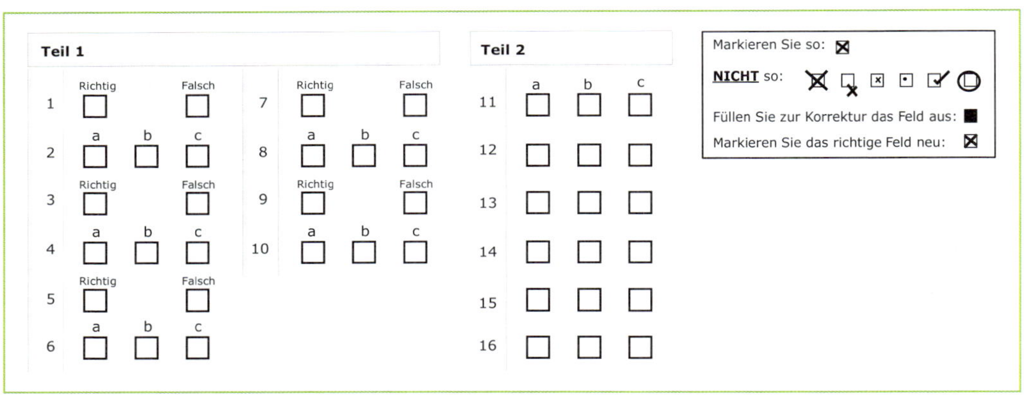

Abbildung 38: Antwortbogen Modul *Hören* (Ausschnitt)

83 vgl. Abbildung 38.

Jedes richtig gelöste Item des Moduls wird einheitlich mit einem Punkt bewertet. Es gibt also keine Gewichtungen. Maximal können 30 Messpunkte erzielt werden. Diese werden umgerechnet auf 100 Ergebnispunkte. Die folgende Umrechnungstabelle zeigt das Verhältnis von Mess- und Ergebnispunkten:

Messpunkte	30	29	28	27	26	25	24	23	22	21	20	19	18	17	16	15
Ergebnispunkte	100	97	93	90	87	83	80	77	73	70	67	63	60	57	53	50

Messpunkte	14	13	12	11	10	9	8	7	6	5	4	3	2	1	0
Ergebnispunkte	47	43	40	37	33	30	27	23	20	17	13	10	7	3	0

Abbildung 39: Mess- und Ergebnispunkte im Modul *Lesen* und *Hören*

Um die Module zu bestehen, müssen jeweils mindestens 18 von 30 Messpunkten bzw. 60 von 80 Ergebnispunkten erreicht werden.

5.6 Bewertung Produktion: Schreiben, Sprechen

Die Bewertung der produktiven Teile erfolgt durch zwei geschulte und zertifizierte Bewertende im Prüfungszentrum. Da die Beurteilung produktiver Kompetenz komplex ist, sind für die Qualität der Prüfung neben der Qualität der Aufgaben intensives Moderations- und Beurteilungstraining sowie die konsequente Anwendung detaillierter Durchführungsbestimmungen besonders wichtig.

Die Bewertung der beiden Module kann auch digital online erfolgen. Dazu loggt sich der Bewertende bzw. Prüfende in die Testplattform ein und gibt ihre/seine Bewertungen und Kommentare direkt über das System ein, sodass die Ergebnisse im Anschluss in die Prüfungsverwaltungssoftware fließen können.

5.6.1 Bewertung Schreiben

Bewertet werden die verfassten Texte jeweils inhaltlich, kommunikativ und sprachlich. Die Prüfungsteilnehmenden zeigen bei der „Erfüllung der Aufgabenstellung", dass sie den Schreibauftrag inhaltlich richtig verstanden haben und adäquat umsetzen können. Dabei wird beurteilt:

- Wie umfassend und vollständig erfüllt die Schreibleistung die Aufgabe?
- Wie viele der Inhaltspunkte wurden klar verständlich umgesetzt?
- Wie gut sind die Sprachfunktionen (z. B. in Teil 1: die Meinung sagen, begründen, Alternativen vorschlagen, beschreiben) im Hinblick auf die Kommunikation der geforderten Sprachhandlungen umgesetzt?
- Ist das Register (z. B. Anrede, Gruß, Jargon etc.) angemessen im Hinblick auf die/den Kommunikationspartner/-in und den Schreibanlass?
- Wird die Mitteilung zu Teil 2 den Konventionen der Höflichkeit in Bezug auf die Adressatin / den Adressaten gerecht?

Die kommunikativen Kriterien beantworten die Fragen:

- Wie angemessen ist die Organisation des Textes?
- Wie effektiv ist er strukturiert?

		A	B	C	D	E
Aufgabenerfüllung	Inhalt, Umfang, Realisierung der Sprachfunktionen (z. B. Meinung äußern, sich entschuldigen, Bedauern ausdrücken, um etwas bitten)	alle 4 Sprachfunktionen inhaltlich und umfänglich angemessen behandelt	3 Sprachfunktionen angemessen **oder** 2 angemessen und 2 teilweise	2 Sprachfunktionen angemessen und 1 teilweise angemessen **oder** alle teilweise	1 Sprachfunktion angemessen **oder** teilweise	Textumfang weniger als 50 % der geforderten Wortanzahl **oder** Thema verfehlt
	Register, soziokulturelle Angemessenheit	situations- und partneradäquat	noch weitgehend situations- und partneradäquat	ansatzweise situations- und partneradäquat	nicht mehr situations- und partneradäquat	
Kohärenz	Textaufbau (z. B. Einleitung, Schluss ...) Logik	durchgängig und effektiv	überwiegend erkennbar	stellenweise erkennbar	kaum erkennbar	
	Verknüpfung von Sätzen, Satzteilen	angemessen	überwiegend angemessen	teilweise angemessen	kaum angemessen	
Wortschatz	Spektrum	differenziert	überwiegend angemessen	teilweise angemessen oder begrenzt	kaum vorhanden	
	Beherrschung	vereinzelte Fehlgriffe beeinträchtigen das Verständnis nicht	mehrere Fehlgriffe beeinträchtigen das Verständnis nicht	mehrere Fehlgriffe beeinträchtigen das Verständnis teilweise	mehrere Fehlgriffe beeinträchtigen das Verständnis erheblich	Text durchgängig unangemessen
Strukturen	Spektrum	differenziert	überwiegend angemessen	teilweise angemessen oder begrenzt	kaum vorhanden	
	Beherrschung (Morphologie, Syntax, Orthografie)	vereinzelte Fehlgriffe beeinträchtigen das Verständnis nicht	mehrere Fehlgriffe beeinträchtigen das Verständnis nicht	mehrere Fehlgriffe beeinträchtigen das Verständnis teilweise	mehrere Fehlgriffe beeinträchtigen das Verständnis erheblich	

Abbildung 40: *Goethe-Zertifikat B2*, Modul *Schreiben*, Bewertungskriterien

Bei den sprachlichen Aspekten werden jeweils Spektrum und Beherrschung betrachtet. Zunächst wird darauf geachtet, wie effektiv, flexibel und differenziert die sprachlichen Mittel eingesetzt werden, und dann erst, inwiefern diese durch Fehlgriffe in ihrer Wirksamkeit beeinträchtigt sind. Bei „Wortschatz" geht es darum, welche sprachlichen Mittel verwendet werden und wie treffend und genau der sprachliche Ausdruck ist. Bei „Strukturen" wird bewertet, welche Strukturen verwendet werden und wie korrekt die verwendete Sprache im Hinblick auf Morphologie, Syntax, Orthografie und Interpunktion ist.

Bei der Wahl der Abstufung wird in erster Linie nicht auf die Fehler geachtet, sondern zunächst wird bewertet, was die Schreibleistung im positiven Sinne auszeichnet. Bei der Betrachtung der Fehler wird dann unterschieden zwischen kleineren formalen Fehlern, wie z. B. einer falschen Artikelverwendung, die das Verständnis nicht oder kaum beeinträchtigen, und solchen Fehlern, die das Verständnis beeinträchtigen, wie z. B. die Wahl einer falschen Konjunktion. Die Anzahl der Fehler ist bei dieser Betrachtung von sekundärer Bedeutung. Die Bewertungsskala und die damit verbundenen Abstufungsmöglichkeiten sind fünfstufig.

Teil 1	A	B	C	D	E
Erfüllung	14	10,5	7	3,5	0
Kohärenz	14	10,5	7	3,5	0
Wortschatz	16	12	8	4	0
Strukturen	16	12	8	4	0

Teil 2	A	B	C	D	E
Erfüllung	10	7,5	5	2,5	0
Kohärenz	10	7,5	5	2,5	0
Wortschatz	10	7,5	5	2,5	0
Strukturen	10	7,5	5	2,5	0

Abbildung 41: *Goethe-Zertifikat B2*, Modul *Schreiben*, Bewertungsskala, Abstufungen

Die beiden oberen Stufen A und B bilden eine Schreibleistung ab, die dem Niveau B2 entspricht. A wird vergeben, wenn eine Schreibleistung eindeutig auf dem Niveau B2 liegt.
B wird vergeben, wenn einzelne Abstriche gemacht werden müssen, z. B. wenn nicht alle Sprachhandlungen befriedigend erfüllt sind. Im Text der Bewertungskriterien werden diese Stufen durch die Attribute „angemessen" und „überwiegend angemessen" charakterisiert.
C und D bilden eine Schreibleistung ab, die unter dem Niveau B2 anzusiedeln ist. Dabei wird C vergeben, wenn die Schreibleistung nur knapp unter der gewünschten B2-Schreibleistung liegt. D wird vergeben, wenn die Schreibleistung in diesem Kriterium deutlich unter der gewünschten B2-Schreibleistung liegt. Im Text der Bewertungskriterien werden diese Stufen durch die Attribute „stellenweise angemessen" bzw. „kaum angemessen" charakterisiert.
E wird gewählt, wenn die Schreibleistung aufgrund des nicht zum Schreibanlass passenden Inhalts, der Kürze oder der mangelnden Verständlichkeit nicht bewertbar ist. Hierher passt eine Leistung, die das „Thema verfehlt" oder als sprachlich „durchgängig unangemessen" charakterisiert wird.

Eine Beschreibung der Prüfungsdurchführung findet sich in den Durchführungsbestimmungen. Beide produktiven Module werden von zwei Prüfenden unabhängig voneinander bewertet. Um die Unabhängigkeit der Bewertungen beim Schreiben zu gewährleisten, erhält jeder der beiden Bewertenden die Leistung auf einem nicht bewerteten Antwortbogen Schreiben. Die Bewertenden tragen dort jeweils ihre Korrekturzeichen ein.

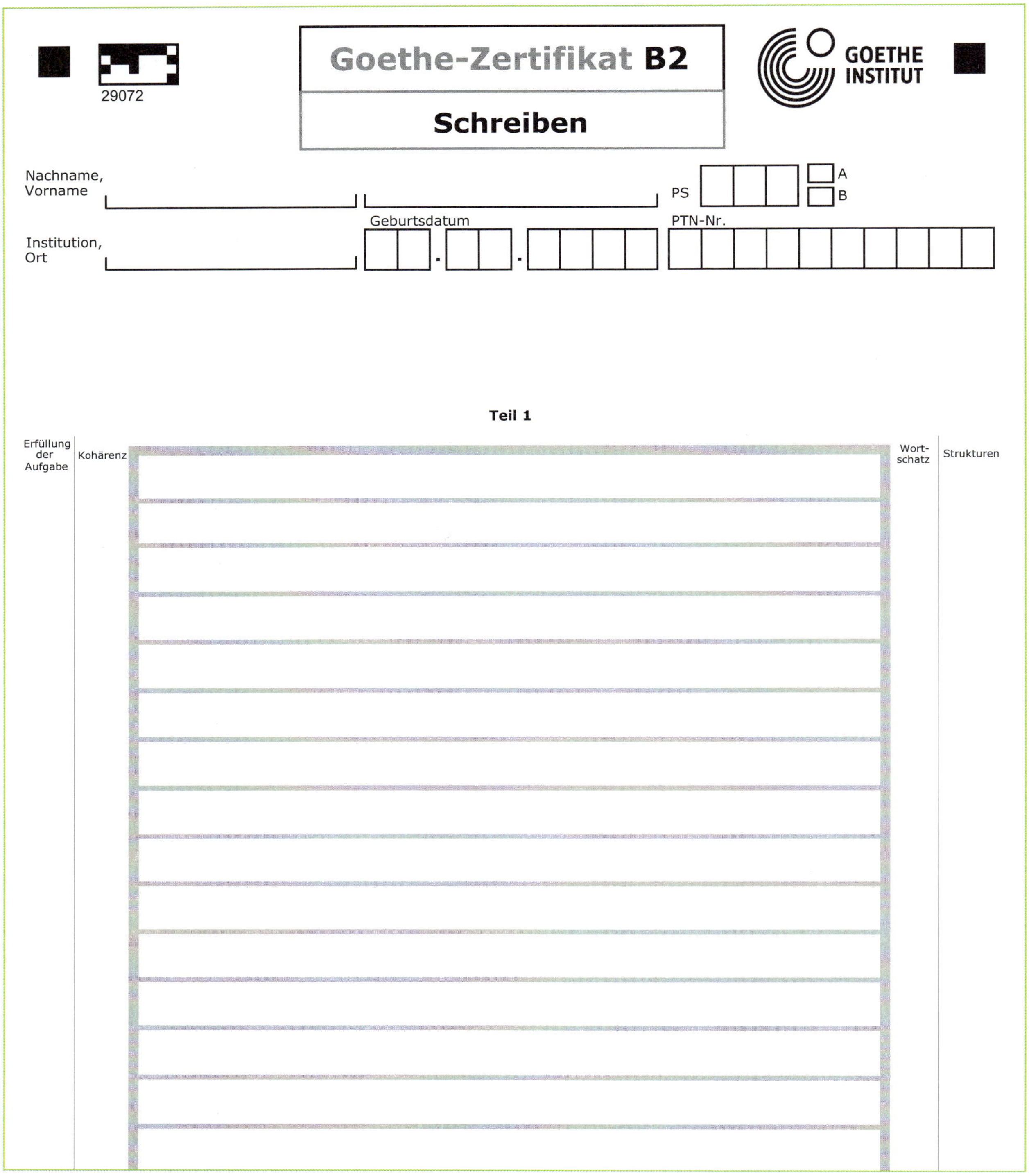

29072

Goethe-Zertifikat B2

Schreiben

GOETHE INSTITUT

Nachname, Vorname

PS

A

B

Geburtsdatum

PTN-Nr.

Institution, Ort

Teil 1

Erfüllung der Aufgabe

Kohärenz

Wortschatz

Strukturen

Abbildung 42: *Goethe-Zertifikat B2*, Modul *Schreiben*, Antwortbogen

Auf diese Weise kann die/der Zweitbewertende eine blinde Zweitbewertung vornehmen, bei der sie/er nicht durch die Punktevergabe der/des Erstbewertenden beeinflusst wird. Ein Zählen der geschriebenen Wörter durch die Bewertenden ist ausschließlich dann notwendig, wenn die Leistung geschätzt unter 50 Prozent des geforderten Textumfangs liegt. In diesem Fall wird das Kriterium Aufgabenerfüllung mit 0 Punkten bewertet. Damit wird der gesamte Teil mit 0 Punkten bewertet. Bei Vergabe von 0 Punkten bei einem anderen Kriterium wird die Gesamtpunktzahl bewertet. Die jeweiligen Punktwerte von Bewertung 1 und Bewertung 2 werden auf den Ergebnisbogen übertragen.

30455

Goethe-Zertifikat B2

Schreiben - Bewertung

GOETHE INSTITUT

Nachname, Vorname ______ ______ PS ☐☐☐ ☐A ☐B

Geburtsdatum ☐☐.☐☐.☐☐☐☐ PTN-Nr. ☐☐☐☐☐☐☐☐☐☐

Institution, Ort ______

Bewertungsbogen 1 oder 2

Vs0.6_050218

Markieren Sie so: ☒
NICHT so: ☒ ☐ ☐ ☐ ☑ ⊖
Füllen Sie zur Korrektur das Feld aus: ■
Markieren Sie das richtige Feld neu: ☒

Teil 1	Kommentar:	A	B	C	D	E
Erfüllung		14 ☐	10,5 ☐	7 ☐	3,5 ☐	0 ☐
Kohärenz		14 ☐	10,5 ☐	7 ☐	3,5 ☐	0 ☐
Wortschatz		16 ☐	12 ☐	8 ☐	4 ☐	0 ☐
Strukturen		16 ☐	12 ☐	8 ☐	4 ☐	0 ☐

Teil 2	Kommentar:					
Erfüllung		10 ☐	7,5 ☐	5 ☐	2,5 ☐	0 ☐
Kohärenz		10 ☐	7,5 ☐	5 ☐	2,5 ☐	0 ☐
Wortschatz		10 ☐	7,5 ☐	5 ☐	2,5 ☐	0 ☐
Strukturen		10 ☐	7,5 ☐	5 ☐	2,5 ☐	0 ☐

Ergebnis Schreiben ☐☐☐,☐ / 100

☐☐☐☐☐ Bewertende/r-Nr. ______ Unterschrift Bewertende/r ☐☐.☐☐.☐☐☐☐ Datum

______ Ort

Seite 1

Version R04SWV02.01-30455
-BewBoSA+BewGE-SA-07/2017

Abbildung 43a: *Goethe-Zertifikat B2*, Modul *Schreiben*, Bewertungsbogen

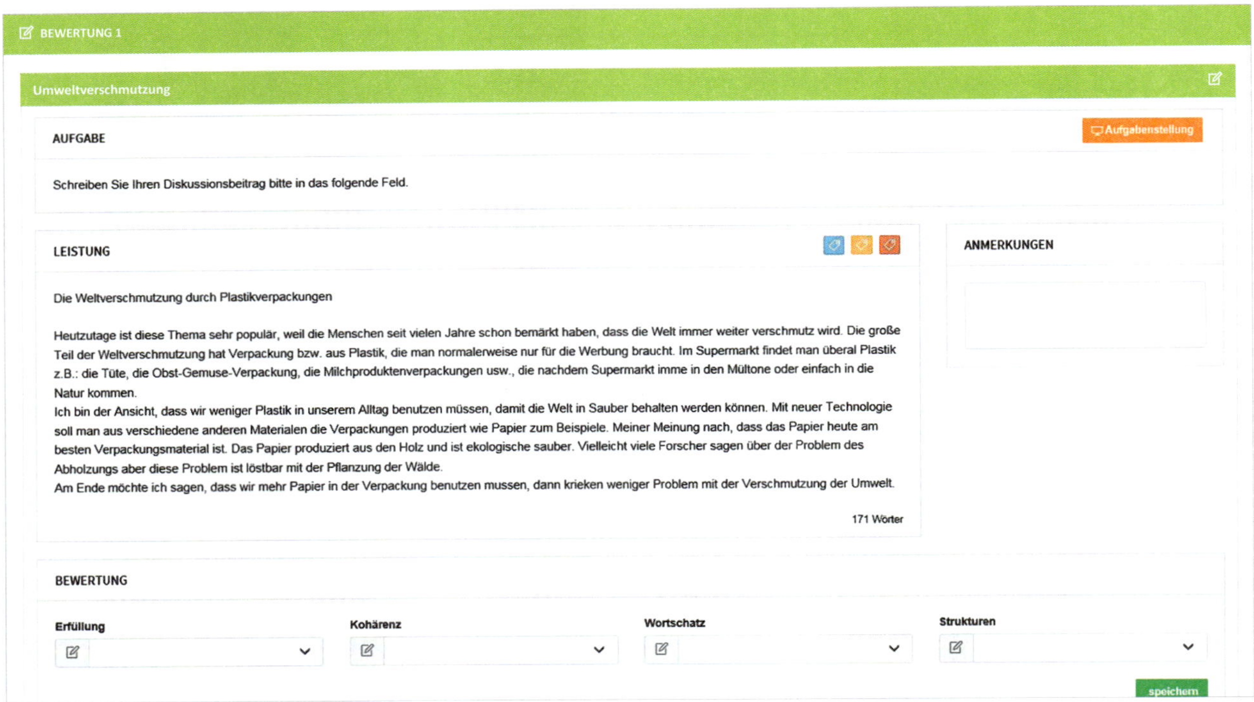

Abbildung 43b: *Goethe-Zertifikat B2*, Modul *Schreiben*, digitale Bewertung

Zur Ermittlung des Gesamtergebnisses wird das arithmetische Mittel aus den beiden Bewertungen gezogen und auf volle Punkte auf- bzw. abgerundet. Eine Drittbewertung = Bewertung 3 erfolgt, wenn die von einer/einem Bewertenden vergebene Punktzahl für das Modul *Schreiben* unterhalb der Bestehensgrenze liegt und das arithmetische Mittel aus beiden Bewertungen unter 60 Punkten liegt. Im Falle einer Drittbewertung schließt sich die/der Prüfungsverantwortliche entweder Bewertung 1, Bewertung 2 oder dem arithmetischen Mittel an. Das Ergebnis wird auf dem Bogen Schreiben – Ergebnis eingetragen.

Die **digitale** Bewertung folgt den gleichen Regeln wie die papierbasierte Bewertung. Bewertende loggen sich auf der Testplattform ein und können nur die ihnen zugewiesenen Schreibleistungen sehen und bewerten. Sie haben je nach Kriterium die Möglichkeit, Markierungen in unterschiedlichen Farben vorzunehmen und Anmerkungen zu schreiben. Nach Abgabe der Bewertung kann diese nicht mehr geändert werden.

Im Folgenden zwei bewertete Leistungsbeispiele:

Als ich Gestern in einem Kaffee mit Freunde war habe ich ein Mann mit ungefähr 15 Piercing und mehre Tatoos gesehen. Deshalb wollte ich Heute über Körperschmück schreiben. Also libe Leser und Leserin hier kommt meine meinung über Körperschmück und meine alternativen zur Körperschhmück und Tatoos!
Wie ich zuvor geschrieben habe, hatte ich diesen Mann gesehen und meine erste bemerkung war: Wow, dass hat wirklich style . Meine meinung nach kann jeder Körperschmück oder Tatoos tragen wenn Er es schön findet. Diese Entscheidung kann nur der zukünftiger Träger fallen. Aber eines sollte mann uns bewusst werden, ein Tatoo oder ein Piercing ist eine lebenslange Entscheidung.

Wenn ihr zu viel angst habt den Schritt zu wagen oder ihr noch nicht sicher seit, dann empfehle ich euch einfach falsch Tatoos (Fake tatoos) oder falsche Piercings (Fake Piercings). Diese sind sehr schnell abwischbar oder benotigen keine löcher (hier sind die Piercings gemeint). Naturlich könnt ihr auch Schmuck (z. B. Armbänder) oder Schminke (z. B. Lippenstift) benutzen. Zuletzt wäre mein letzte Tipp euren Style zu ändern. Vileicht fühlt ihr diese Leere auf eurem Körper, weil eure Klamotten nicht für euch geignet sind.

Naja, jeder hat seine meinung und wir sind alle unterschidlich. Damit beende ich mein Artikel und Schreibe dass ihr alle für euch entscheidet, aber bleibt euch Treu!

Eure Maya

214 Wörter

Abbildung 44: *Goethe-Zertifikat B2*, Modul *Schreiben* Teil 1, Jugendliche, Leistungsbeispiel

Das Beispiel wurde von einer Expertengruppe mit 48,5 von maximal 60 Punkten bewertet. Damit handelt es sich um eine Leistung im oberen Bereich des Niveaus B2. Im Folgenden findet sich eine detaillierte Kommentierung der schriftlichen Leistungen zum Training der Bewertenden.

	Kommentar	**Bewertung**
Aufgabenerfüllung	Mit 214 Wörtern ist der geforderte Textumfang mehr als erreicht. Drei Sprachhandlungen sind inhaltlich und umfänglich angemessen behandelt. Der zweite Inhaltspunkt ist nur indirekt behandelt: ... *ist eine lebenslange Entscheidung*. Das Register ist situations- und partneradäquat: *Also libe Leser und Leserinnen*	B
Kohärenz	Der Textaufbau ist effektiv mit Einleitung, Hauptteil und Schluss. Die Verknüpfung von Sätzen und Satzteilen ist angemessen: *als, deshalb, wie ich zuvor geschrieben habe, wenn – dann, weil, damit beende ich* Die Satzanfänge variieren: *Meine Meinung, Diese Entscheidung, Aber eines*	A
Wortschatz	Das Spektrum ist differenziert: *zukünftiger Träger, lebenslange Entscheidung, abwischbar, Schminke, Lippenstift, Klamotten* Bezogen auf ein Forum für junge Leute ist der Ton gut getroffen: *wenn ihr zu viel angst habt, bleibt euch treu, Eure Maya* Vereinzelte Fehlgriffe beeinträchtigen das Verständnis nicht: *Kaffee* (statt: Café), *benotigen*	A

Strukturen	Das Spektrum ist angemessen: *Wenn ihr zu viel angst habt, den Schritt zu wagen, wie ich geschrieben habe, hatte ich ... gesehen, zuletzt wäre mein Tipp* Mehrere Fehlgriffe, vor allem in der Orthografie, stören den Lesefluss: *libe Leser und Leserin, Körperschmück, meinung, ich Schreibe, villeicht, geignet, sollte mann uns bewusst werden, falsch Tattoos*	C

Abbildung 45: *Goethe-Zertifikat B2*, *Schreiben* Teil 1, Jugendliche, Bewertung

Sehr geehrter Herr Ebert,
ich schreibe Ihnen, weil ich ein Problem mit meinen Kollegin habe. Er ist sehr nett aber gibt mir zu viel Aufgaben, die ich nicht allen schaffen kann. Wie Sie auch wissen ich habe 2 Kinder und meine kleine Tochter ist krank. Sie wird diese Woche operiert lassen, deswegen bitte ich Ihnen, dass Sie auch meine Situation verstehen können. Ich muss mich um meine Tochter kümmern aber, wenn ich zu viel für die Firma zu Tun habe schaffe ich es nicht.
Ich kann schön die Arbeitssituation in der Firma verstehen. Wir haben viel zu Tun und wenig Zeit. Um diese Problem zu lösen, schlage ich vor, dass mein Kollegen und ich die Aufgaben zusammen machen (oder Teilen) können.
Ich danke Ihnen für Ihre Verständnis.
Mit freundlichen Grüße
Mergime xx

132 Wörter

Abbildung 46: *Goethe-Zertifikat B2*, Modul *Schreiben* Teil 2, Erwachsene, Leistungsbeispiel

Das Beispiel wurde von einer Expertengruppe mit 32,5 von maximal 40 Punkten bewertet. Damit handelt es sich um eine Leistung auf dem Niveau B2.

	Kommentar	**Bewertung**
Aufgaben-erfüllung	Mit 132 Wörtern ist der geforderte Textumfang mehr als erreicht. Drei Sprachhandlungen sind inhaltlich und umfänglich angemessen umgesetzt: *Machen Sie einen Vorschlag* ist umfänglich etwas knapp, aber voll verständlich behandelt. *... schlage ich vor, dass mein Kollegen und ich die Aufgaben zusammen machen (oder Teilen) können* Das Register ist situations- und partneradäquat: *Ich kann die Situation in der Firma verstehen, Ich danke Ihnen für Ihre Verständnis*	A

Kohärenz	Der Text ist durchgängig effektiv aufgebaut mit Anrede, Einleitung, Hauptteil, Schluss und Grußformel. Die Verknüpfung von Sätzen und Satzteilen ist angemessen: *weil, deswegen, wenn, aber, dass, deshalb* Die Satzanfänge variieren: *ich schreibe Ihnen, weil , Um diese Problem zu lösen, Wir haben, Wie Sie auch wissen*	A
Wortschatz	Das Spektrum ist differenziert: *operiert, Problem lösen, sich kümmern, Aufgaben teilen* Mehrere Fehlgriffe beeinträchtigen das Verständnis nicht: *ich kann schön, diese Problem* Die Grußformel enthält einen Flüchtigkeitsfehler: *Mit freundlichen Grüße*	B
Strukturen	Das Spektrum ist überwiegend angemessen: *Aufgaben, die ich ..., wenn ich zu viel zu tun habe, um diese Problem zu lösen, schlage ich vor* Mehrere Fehlgriffe stören den Lesefluss: *allen, mit meinen Kollegin ... Er ist nett , wie Sie wissen ich habe ..., sie wird ... operiert lassen, ich bitte Ihnen, zu Tun haben, diese Problem, für Ihre Verständnis*	C

Abbildung 47: *Goethe-Zertifikat B2*, Modul *Schreiben* Teil 2, Erwachsene, Bewertung

5.6.2 Bewertung Sprechen

Die mündlichen Leistungen werden jeweils inhaltlich in den Kriterien „Erfüllung der Aufgabenstellung", kommunikativ in den Kriterien „Kohärenz" (Vortrag) bzw. „Interaktion" (Diskussion) sowie sprachlich in den Kriterien „Wortschatz", „Strukturen" und „Aussprache" bewertet. Die Prüfungsteilnehmenden zeigen bei der „Erfüllung", dass sie den Gesprächsimpuls richtig verstanden haben und in Form und Umfang effektiv umsetzen können. Dabei wird beurteilt:

- Wie umfassend und vollständig erfüllt die Sprechleistung die Aufgabe?
- Wie gelungen sind die Sprachfunktionen umgesetzt, z. B. Alternativen nennen, beschreiben, Vor- und Nachteile nennen sowie Beginnen und Beenden eines längeren monologischen Textes in Teil 1, ihre/seine Standpunkte austauschen, auf die Argumente der/des Gesprächspartnerin/Gesprächspartners eingehen sowie zusammenfassen in Teil 2?
- Ist das Register angemessen für die/den Kommunikationspartner/-in und den Sprechanlass?

		A	B	C	D	E
	Sprachfunktionen					nicht mehr verständlich
Teil 1, Teil 2	Alternativen beschreiben, Vor- und Nachteile nennen	angemessen	überwiegend angemessen	in Teilen angemessen	nicht mehr angemessen	
Aufgabenerfüllung	Standpunkt/Argumente austauschen, auf Argumente reagieren, Standpunkt zusammenfassen					
	Fragen stellen und beantworten					
Vortrag	Verknüpfung von Sätzen und Satzteilen	angemessen	überwiegend angemessen	teilweise angemessen	kaum angemessen	
Kohärenz	Flüssigkeit	natürliche Sprechweise	verlangsamte Sprechweise	stockende Sprechweise beeinträchtigt das Verständnis stellenweise	stockende Sprechweise beeinträchtigt das Verständnis durchgehend	
Diskussion	das Gespräch beginnen, in Gang halten, beenden	angemessen	überwiegend angemessen	teilweise angemessen	kaum angemessen	
Interaktion	Reaktionsfähigkeit					
	Register	situations- und partneradäquat	weitgehend situations- und partneradäquat	ansatzweise situations- und partneradäquat	nicht mehr situations- und partneradäquat	
	Du- und Sie-Form					
Wortschatz	Spektrum	differenziert	überwiegend angemessen	Repertoire begrenzt	kaum Repertoire vorhanden	
	Beherrschung (Redensarten, Hoch- und Umgangssprache)	vereinzelte Fehlgriffe beeinträchtigen das Verständnis in keiner Weise	mehrere Fehlgriffe beeinträchtigen das Verständnis noch nicht	mehrere Fehlgriffe beeinträchtigen das Verständnis stellenweise	mehrere Fehlgriffe beeinträchtigen das Verständnis durchgehend	
Strukturen	Spektrum	differenziert	überwiegend angemessen	Repertoire begrenzt	kaum Repertoire vorhanden	
	Beherrschung (Morphologie, Syntax)	vereinzelte Fehlgriffe stören nicht	mehrere Fehlgriffe stören noch nicht	mehrere Fehlgriffe stören stellenweise	mehrere Fehlgriffe beeinträchtigen das Verständnis erheblich	
Aussprache	Satzmelodie Wortakzent einzelne Laute	keine auffälligen Abweichungen	wahrnehmbare Abweichungen beeinträchtigen das Verständnis nicht	Abweichungen beeinträchtigen das Verständnis stellenweise	Abweichungen beeinträchtigen das Verständnis und stören durchgehend	

Abbildung 48: *Goethe-Zertifikat B2*, Modul *Sprechen*, Bewertungskriterien

Die sprachlichen Kriterien beantworten die Fragen:

- Wie situations- und partneradäquat sind die sprachlichen Leistungen, bezogen auf die Organisation des Gesagten?
- Wie angemessen sind die Äußerungen in Bezug auf das Spektrum und die Beherrschung der Strukturen?

Bei „Wortschatz" geht es darum, welche sprachlichen Mittel verwendet werden und wie treffend und genau der sprachliche Ausdruck ist. Bei „Strukturen" wird bewertet, welche Strukturen benutzt werden und wie korrekt die verwendete Sprache im Hinblick auf Morphologie und Syntax ist. Bei der „Aussprache", die für beide Teile gemeinsam einmal bewertet wird, geht es um die Realisierung der sprachlichen Äußerungen in Bezug auf Satzmelodie, Wortakzent und einzelne Laute. Bei den sprachlichen Aspekten „Wortschatz" und „Strukturen" werden jeweils Spektrum und Beherrschung betrachtet. Das bedeutet, dass zunächst darauf geachtet wird, wie effektiv, flexibel und differenziert die sprachlichen Mittel eingesetzt werden, und erst dann, inwiefern diese durch Fehlgriffe in ihrer Wirksamkeit beeinträchtigt sind. Bei der Bewertung wird in erster Linie nicht auf die Fehler geachtet, sondern bewertet, was die mündliche Leistung im positiven Sinne auszeichnet. Bei der Betrachtung der Fehler wird unterschieden zwischen kleineren formalen Fehlern, wie z. B. einer falschen Artikelverwendung, die das Verständnis nicht oder kaum beeinträchtigen, und solchen Fehlern, die das Verständnis beeinträchtigen, wie z. B. die Wahl einer falschen Konjunktion. Die Anzahl der Fehler ist bei dieser Betrachtung nicht von primärer Bedeutung.

Teil 1	A	B	C	D	E
Erfüllung	8	6	4	2	0
Interaktion	8	6	4	2	0
Wortschatz	8	6	4	2	0
Strukturen	8	6	4	2	0
Fragen, Antworten	12	9	6	3	0

Teil 2	A	B	C	D	E
Erfüllung	10	7,5	5	2,5	0
Interaktion	10	7,5	5	2,5	0
Wortschatz	10	7,5	5	2,5	0
Strukturen	10	7,5	5	2,5	0
Aussprache	16	12	8	4	0

Abbildung 49: *Goethe-Zertifikat B2*, Modul *Sprechen*, Bewertungsskala, Abstufungen

Die Bewertungsskala und die damit verbundenen Abstufungsmöglichkeiten sind fünfstufig. Die Bewertung erfolgt analog zur Bewertung des Moduls *Schreiben* (vgl. S. 71).

Leistungsbeispiel

Abbildung 50: *Goethe-Zertifikat B2*, Modul *Sprechen*, Leistungsbeispiel, Transkript

Das folgende Transkript gibt das Prüfungsgespräch wieder.

Prüfer (P1), Prüferin (P2), Teilnehmerinnen (T1) und (T2)

P1: Herzlich willkommen zum *Goethe-Zertifikat B2*. Mein Name ist Johannes Gerbes. Das ist meine Kollegin Evelyn Frey. Und...

P2: Grüß Gott.

P1: Wie heißen Sie, bitte?

T2: Ich heiße T2.

P1: Und woher kommen Sie?

T2: Ich komme aus Aserbaidschan. Ich bin seit zwei Jahren in Deutschland.

P1: Danke schön. Und wie heißen Sie?

T1: Ich heiße T1. Ich komme aus Slowenien. Ich bin Psychologin von Beruf. Und ich bin in Deutschland seit Anfang Januar.

P1: Vielen Dank. Dann beginnen wir jetzt mit der Prüfung. Diese Prüfung hat zwei Teile. Im Teil 1 halten Sie einen kurzen Vortrag. Sie haben ein Thema ausgewählt und vorbereitet. Wir hören Ihnen zu und stellen anschließend Fragen zu Ihrem Vortrag. Wer möchte beginnen?

T2: Ich kann ... anfangen.

P1: Und worüber werden Sie sprechen?

T2: Also ich äh möchte heute über Ernährung am Arbeitsplatz berichten.

P1: Und noch ein Tipp: Versuchen Sie möglichst frei zu sprechen und strukturieren Sie Ihren Vortrag mit einer Einleitung, einem Hauptteil und einem Schluss. Bitte.

T2: Okay, danke schön.

P1: Fangen Sie jetzt an.

T2: Danke schön. Also, ich finde äh das Thema Ernährung am Arbeitsplatz äh interessierst äh interessiert äh alle heutzutage. Äh so, wir leben in äh einer globalisierten Welt. Äh das Leben ist äh immer hektisch geworden und alle sind beschäftigt a ... auch i ... in der ... in den Familien äh Mutter und Vater sind immer beschäftigt und sie haben äh so wenig Zeit äh ... also füreinander und äh ich möchte ähm zuerst äh sagen und welche äh verschiedene Alternativen gibt es. Ähm zuerst ähm äh ich äh sehe, dass äh ... ich beobachte viele Menschen in Deutschland äh essen unterwegs. Und sie kaufen äh das Essen und essen unterwegs. Und gib äh ... in Aserbaidschan äh äh wi essen immer ... das ist für uns ein Regel, wir essen immer an dem Tisch und äh wi ... wir essen immer an den Timp äh Tisch. Und äh ich äh möchte äh die verschiedenen Alternativen sagen zuerst. Zuerst äh unterwegs kaufen, zu Hause vorbereiten und mitnehmen äh dann äh im Arbeitsplatz etwas bestellen äh also ... etwas bestellen. Und äh ich möchte sagen, dass äh zu Hause etwas äh vorbereiten und äh mitzunehmen äh ist äh billiger und gesunder, äh weil äh man kann äh im Supermarkt äh viele Lebensmittel äh billiger kaufen und äh also dann selbst zubereiten. Äh wenn man äh im Restaurant oder äh an ... im Arbeitsplatz etwas bestellt, dann äh denke ich äh man braucht äh äh viel Geld als ... ich habe schon gesagt äh äh und ähm unterwegs äh essen äh ich bin nicht dagegen. Äh umgekehrt ich denke, äh man kann äh damit äh also Zeit äh spenden ... sparen. Äh also ich bin Ärztin von Beruf und ich denke, äh gesundes Essen ist sehr wichtig für Menschen äh für die ... für die Menschen und äh also äh ss ich bin äh dafür, dass Menschen äh die Lebensmittel kaufen und zu Hause vorbereiten und mitzu ... mitnehmen. Mhm ... .

P1: [leise] Sind sie fertig?

T2: Ja, ich bin fertig.

P1: Vielen Dank!

T2: Danke schön.

P1: Das war sehr interessant. Ich hätte noch eine Frage. Sie haben gesagt, Sie sind Ärztin ...

T2: Mhm.

P1: ... und wahrscheinlich werden Sie früher oder später in einem Krankenhaus arbeiten. Die meisten Krankenhäuser haben Kantinen, auch für die Ärzte und die Pflegekräfte. Würden Sie dann Ihr Essen von zu Hause mitbringen oder in der Kantine essen gehen?

T2: Ja, danke schön äh für Frage. Und ich denke, äh Kantine ist äh äh ein äh gute Möglichkeit äh äh für die Mitarbeiter, auch für Ärzte. Und äh ich habe gehört, dass äh in Deutschland äh äh gibt es v ... viele Möglichkeiten in diesen Kantinen, auch Obst und Gemüse. Ich denke, man kann in den Kantinen also gesundes Essen und äh also bekommen.

P1: Danke schön. Haben Sie auch noch eine Frage an sie?

T1: Ähm, ja. Meinst du, dass die meisten Leute ähm essen gesund in Arbeit?

T2: In die Arbeitplatz?

T1: In der Arbeitplatz, ja.

T2: Ja, genau, äh Beispiel ähm ich äh wohne jetzt ... ich lebe jetzt in Deutschland und äh die Lebens ... äh also mhh sie ... die deutschen Menschen leben äh viel und ich denke vielleicht sie essen gesunder und kann man genau in der Arbeitsplatz gesunder essen. Das ist möglich.

P1: Danke.

T1: Ja, danke schön.

P1: Okay. Dann würde ich Sie bitten, dass Sie mit Ihrem Vortrag beginnen. Worüber werden Sie sprechen?

T1: [lacht] Äh über Finanzierung des Studiums.

P1: Und natürlich auch an Sie der Tipp: Versuchen Sie, möglichst frei zu sprechen. Wir hören Ihnen zu, stellen Ihnen anschließend auch Fragen. Und auch Sie bitten wir, möglichst zu strukturieren mit Einleitung, Hauptteil und Schluss. Bitte.

T1: Okay. Danke. Also mein Thema ist Finanz ... ähm wie man sein äh Studium finanzieren kann. Es gibt verschiedene Alternativen. Ähm ... ähm man kann also man kann einen Kredit äh ein Studiu ... Stst ... Studiumkredit äh nehmen. Dafür ähm zahlt er weniger Zinsen als mit normalen Krediten. Ähm das ist ... das ist denke ich ist eine gü ... gute M ... Möglichkeit für jeder, die nicht ähm ein Studium leisten kann. Z. B. hier in Deutschland oder in andere Ländern. Ähm und es ist auch eine gute ähm eine gute Möglichkeit ist auch, weil mit Studiumkredit, weil ähm man kann das äh das auch erst nach dem Studium zurückzahlen. Ähm dann wenn die ... z. B. wenn äh die Eltern das leisten können, dann können die auch finanzieren ähm das ist äh auch eine gute Mo ... Möglichkeit. Für mich ist das nicht so ähm äh nicht so ähm ... oh wie sagt man das, Entschuldigung [lacht] ähm also nicht so interessant die Thema, weil in Slowenien das Studium kostenlos ist. Wir zahlen gar nicht dafür und ähm deswegen habe ich mich mit dieses Thema äh nicht so viel beschäftigt. Aber, wenn ich ähm ... wenn ich z. B. in Ausland studieren gehen möchte ähm dann, ich denke eine gute Mo ... Möglichkeit für ... für alle ist also selbst arbeiten und ver ... und Geld v ... das Geld verdienen, um ähm Studium finanzieren zu können. Ähm ein ... eine Möglichkeit ist auch ähm um äh für verschiedene Stipendien an ... sich anmelden ähm z. B. in Slowenien können, wenn man in Ausland studieren will, dann haben dann wir eine Stipendium, die Deutschland für uns bezahlt [lacht], weil wegen ähm wegen Zweiten Weltkrieg ähm als ... , weil die waren in Slowenien, ja. Das finde ich interessant zum Beispiel. Ähm ... ähm also alle ... alle Möglichkeiten haben Nachteile und Vorteile, aber am besten finde ich also dass man äh, wenn er schafft, äh selbst arbeitet ähm Er ... Erfahrungen sammelt und ähm und so bezahlt man das Studium.

P1: Ja, vielen Dank.

T1: Danke.

P1: Das war auch sehr interessant. Ich hätte natürlich auch an Sie eine Frage.

T1: [lacht] Ja.

P1: Sie haben gesagt, in äh Slowenien muss man keine Studiengebühren zahlen, aber das Studium muss ja trotzdem finanziert werden. Die Studenten müssen ja wohnen, essen, leben und so weiter.

T1: Stimmt, ja.

P1: Wie machen's denn ein Großteil der slowenischen Studenten?

T1: Ähm die arbeiten. Also fast alle Cafés und Restaurants in Slowenien äh Slowenien da arbeiten nur Studenten, weil Studentenarbeit is ... man bezahlt ... zahlt kein Steuer dafür ähm und so machen also alle meine Freunden und alle, die ich kenne, die haben alle arbeitet, weil es ist zu ... also El ... Eltern können das nicht leisten und deswegen, alle Studenten arbeiten.

P1: Vielen Dank. Vielleicht haben Sie auch noch ne Frage?

T2: Mhm. Äh ich habe eine Frage. Und äh denkst du äh, dass äh immer nur arbeiten und äh arbeiten ... man kann das alles schaffen? Also, Studenten haben immer weniger Zeit. Äh sie äh brauchen Zeit fürs Studium ...

T1: Mhm.

T2: ... auch für sich selbst.

T1: Mhm.

T2: Und können ... können die Studenten das schaffen? Das Arbeiten und sich selbst finanzieren?

T1: Ähm ja, das ist ein guter Punkt. Also ich denke, es ist klar schwieriger, aber wenn man studieren will, dann muss man das auch äh irgendwie finanzieren. Ähm man kann ... man braucht nicht so Vollzeit arbeiten, aber viellei ... z. B. ähm ein paar Tage oder über das Wochenende und mehr arbeiten als ähm wenn ... wenn man keine Prüfungen hat. Und dann wenn die Prüfungen kommen, weniger arbeiten und über den Sommer kann man mehr arbeiten.

P1: Danke.

T2: Das finde ich eine gute äh Lösung.

T1: Danke schön.

P1: Ja, vielen Dank. Das war der Teil 1. In Teil 2 führen Sie nun gemeinsam eine Diskussion. Es geht um die Frage, ob Studierende ihre Professoren offiziell beurteilen sollen. Erklären Sie, welchen Standpunkt Sie vertreten und warum. Gehen Sie dann auf die Argumente Ihres Gesprächspartners ein. Am Ende sagen Sie uns dann bitte, ob Sie dafür oder dagegen sind.

T1: Okay.

P1: Bitte beginnen Sie.

T1: Okay, also mh wir müssen jetzt über das diskutieren. Ähm ich bin der Meinung ähm, dass die Studenten sollen ähm auf jeden Falls die Professoren äh beurteilen und bewerten ähm weil dann, die Professoren haben ähm mehr Motivation und die sind unter Druck ähm die Unterrichten zu besser zu ... besser zu machen ähm und sich zu verbessern. So kriegen dann die Studenten bessere Unterrichten und die ähm ... ähm die lernen viel mehr. Ähm, ... was meinst du dazu?

T2: Äh, ich bin äh also deiner Meinung. Meines Erachtens, Lehrkraft spielt äh eine große und bedeutende Rolle also beim Lernprozess, äh weil äh diese Lernatmosphäre ...

T1: Mhm.

T2: ... äh bedeutet viel für Studierende. Sie äh sollen begeistert und motiviert werden.

T1: Stimmt, ja.

T2: Ja. Und äh und alle haben Recht, etwas bero ... beurteilen und einschätzen.

T1: Mhm.

T2: Und die Studierende haben auch äh diese Recht denke ich äh, weil ähm Warum? Beispiel: Äh man studiert, weil äh man äh will äh also seine Zukunft aufbauen.

T1: Mhm.

T2: Und, äh er benötigt äh man benötigt eine gute Lernatmosphäre.

T1: Mhm.

T2: Und äh und was denkst du äh wie also kann also können die Studierende das machen? Das äh das äh also kann für also Professoren und die Studierende Vorteile habe?

T1: Ja, also ich finde das also z. B. ich kann aus meiner eigenen Erfahrung ... Erfahrungen sprechen ähm. Es war in Slowenien war das ähm lange Zeit, dass die Studenten das die ... die Professoren nicht beurteilt haben. Dann die ähm also dann wir hatten die gleiche Professoren, die ... die eine Arbeitsstelle für zwanzig oder dreißig Jahre ähm hatten, ja? Die haben da gearbeitet, weil die hatten keine Angst ähm ähm um die Stelle zu ähm verlieren, weil niemand hat die ver ... ähm beurteilt und die hatten die gleiche Unterrichten gemacht für zwanzig Jahre. Hat nichts geändert. Das denk ich war ganz schlecht, also eigentlich für ... für die Studenten. Und danach als ich so in dritten Jahr war, dann die haben dieses System ähm ähm zu uns gebracht also dass wir äh bewerten, wie gut eigentlich die Professoren sind. Und dann war echt ein Chaos, weil die Student ... weil die Professoren hatten Angst. Aber für uns war viel, viel besser, weil die mussten ähm mehr ähm die be ... die Professoren mussten ähm mehr äh ... wie sagt man das ... äh äh hab das Wort ... [nuschelt]

T2: Bemühen sich, oder?
T1: Ja, be ...
T2: Sich bemühen.
T1: Sich bemühen. Ja, danke. Sich bemühen, um all ... um die Unterrichten zu verbessern und ähm zum ... also mehr beizu ... zu ... Studenten beizubringen. Mhh also das war [nuschelt] ... wie war das in Aserbaidschan? Beurteilt man die...
T2: Ja, äh ...
T1: ... Professoren?
T2: ... bei uns
T1: Oder?
T2: Nein, bei uns äh is äh also das ist ganz anders. Wi ... also dürfen nicht äh unsere Professoren oder äh ...
T1: Ehrlich?
T2: ... beurteilen. Ja!
T1: Okay.
T2: Ja, und äh aber äh die Beurteiling finde ich ja äh ... du hast schon gesagt ... die Beurteilung ist äh eine gute Möglichkeit, ...
T1: Mhm.
T2: ...diesen Lernprozess und Lernatmosphäre...
T1: Mhm.
T2: ... zu verbessern. Aber die Beurteiling äh denke ich äh hat manchmal auch Nachteile.
T1: Ja.
T2: Beispiel, äh vielleicht äh ein Student hat eine nicht so gute Gefühle äh gegenüber der Professor.
T1: Mhm.
T2: Vielleicht beurteiligt ... äh Beurteilung ...
T1: Mhm.
T2: ... kanns nicht ... kann nicht Wahrheit ... Wahrheit zeigen.
T1: Stimmt, ja.
T2: Und, ja. Und das ist auch Nachteil. Und denke ich auch anonym äh ... diese Prozess äh Beurteilung ich denke sollte ...
T1: Muss sein ...
T2: Ja, muss ... ja ... Beurteil ... anonym bleiben.
T1: Ja.
P1: Ja. Herzlichen Dank. Wir sind am Ende der Prüfung. Wir wünschen Ihnen a.les Gute für Ihre weitere Zukunft.
P2: Vielen Dank.
P1: Auf Wiedersehen.
T1: Danke.
T2: Danke schön.
P2: Schönen Dank. Auf Wiedersehen.
T1: Auf Wiedersehen.
T2: Auf Wiedersehen.

Bewertung

Das Gespräch wurde von einer Fachgruppe mit 99 von maximal 100 Punkten für Teilnehmerin 1 bzw. 82 von 100 Punkten für Teilnehmerin 2 bewertet. Damit handelt es sich um eine Leistung im oberen Bereich des Niveaus B2 bzw. um eine Leistung auf dem Niveau B2. Im Einzelnen wurde wie folgt bewertet:

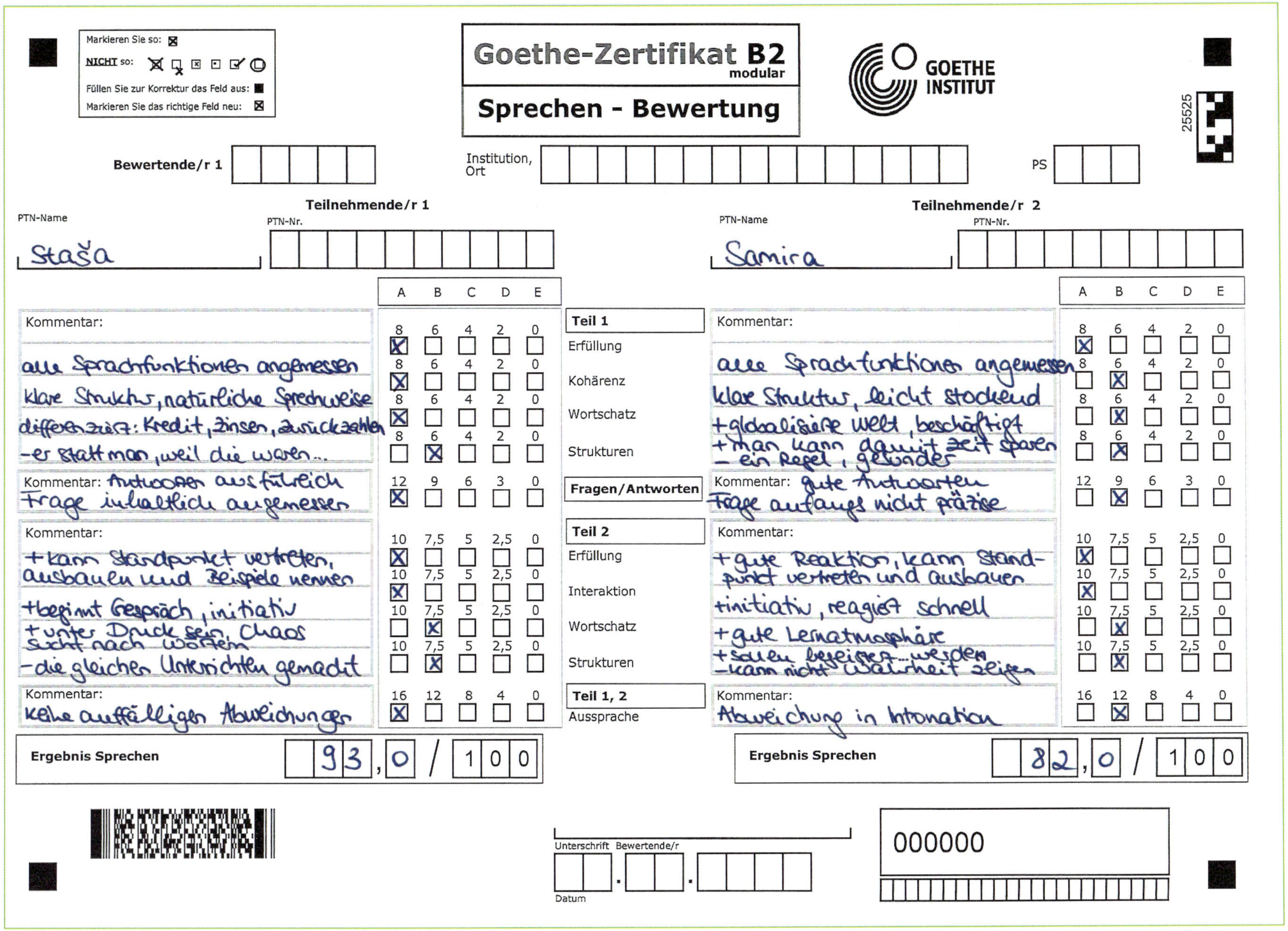

Markieren Sie so: ☒
NICHT so:
Füllen Sie zur Korrektur das Feld aus: ■
Markieren Sie das richtige Feld neu: ☒

Goethe-Zertifikat B2 modular

Sprechen - Bewertung

GOETHE INSTITUT

25525

Bewertende/r 1 | Institution, Ort | PS

Teilnehmende/r 1
PTN-Name: Staša
PTN-Nr.:

	A	B	C	D	E
Teil 1 Erfüllung	8 ☒	6	4	2	0
Kohärenz	8 ☒	6	4	2	0
Wortschatz	8 ☒	6	4	2	0
Strukturen	8	6 ☒	4	2	0
Fragen/Antworten	12 ☒	9	6	3	0
Teil 2 Erfüllung	10 ☒	7,5	5	2,5	0
Interaktion	10 ☒	7,5	5	2,5	0
Wortschatz	10	7,5 ☒	5	2,5	0
Strukturen	10	7,5 ☒	5	2,5	0
Teil 1, 2 Aussprache	16 ☒	12	8	4	0

Kommentar (Teil 1):
alle Sprachfunktionen angemessen
klare Struktur, natürliche Sprechweise
differenziert: Kredit, Zinsen, zurückzahlen
-er statt man, weil die waren…

Kommentar (Fragen/Antworten): Antworten ausführlich
Frage inhaltlich angemessen

Kommentar (Teil 2):
+kann Standpunkt vertreten, ausbauen und Beispiele nennen
+beginnt Gespräch, initiativ
+unter Druck sein, Chaos sucht nach Wörtern
-die gleichen Unterrichten gemacht

Kommentar (Aussprache): keine auffälligen Abweichungen

Ergebnis Sprechen 93,0 / 100

Teilnehmende/r 2
PTN-Name: Samira
PTN-Nr.:

	A	B	C	D	E
Teil 1 Erfüllung	8 ☒	6	4	2	0
Kohärenz	8	6 ☒	4	2	0
Wortschatz	8	6 ☒	4	2	0
Strukturen	8	6 ☒	4	2	0
Fragen/Antworten	12	9 ☒	6	3	0
Teil 2 Erfüllung	10 ☒	7,5	5	2,5	0
Interaktion	10 ☒	7,5	5	2,5	0
Wortschatz	10	7,5 ☒	5	2,5	0
Strukturen	10	7,5 ☒	5	2,5	0
Teil 1, 2 Aussprache	16	12 ☒	8	4	0

Kommentar (Teil 1):
alle Sprachfunktionen angemessen
klare Struktur, leicht stockend
+globalisierte Welt, beschäftigt
+man kann damit Zeit sparen
– ein Regel, gesünder

Kommentar (Fragen/Antworten): gute Antworten
Frage anfangs nicht präzise

Kommentar (Teil 2):
+gute Reaktion, kann Standpunkt vertreten und ausbauen
+initiativ, reagiert schnell
+gute Lernatmosphäre
+sollen beseitigt…werden
-kann nicht Wahrheit zeigen

Kommentar (Aussprache): Abweichung in Intonation

Ergebnis Sprechen 82,0 / 100

Unterschrift Bewertende/r

Datum

000000

Abbildung 51: *Goethe-Zertifikat B2*, Modul *Sprechen*, Bewertungsbogen

Im Folgenden findet sich eine detaillierte Kommentierung der mündlichen Leistungen zum Training der Bewertenden.

Teil 1 Vortrag halten: Finanzierung des Studiums

	Kommentar Teilnehmerin 1	**Bewertung**
Erfüllung der Aufgabe	Die geforderten Sprachfunktionen sind inhaltlich und im Umfang angemessen behandelt: Nennt Alternativen: *(Studien-)Kredit, Eltern finanzieren das Studium, selbst arbeiten, Stipendium* Nennt Vorteile: *weniger Zinsen, nach dem Studium zurückzahlen, Erfahrungen sammeln* Nachteile nennt sie im Vortrag nur allgemein, aber in der Antwort auf die Frage von T1 erwähnt sie die Doppelbelastung, wenn man gleichzeitig arbeitet und studiert.	A
Kohärenz	Klare Struktur erkennbar mit Einleitung *Also mein Thema ist ...*, Hauptteil *Es gibt verschiedene Alternativen ...* und Schluss *alle Möglichkeiten haben Vor- und Nachteile, aber am besten finde ich ...* zusammenhängender Vortrag, natürliche Sprechweise	A
Wortschatz	Das Spektrum ist differenziert: *Kredit, Zinsen, zurückzahlen, Stipendium, Vollzeit, Steuer* trotz kleinerer Fehlgriffe: *Studiumkredit*, gute Beherrschung des eingesetzten Wortschatzes Das einmalige Suchen nach einem Wort *oh wie sagt man das, Entschuldigung* rechtfertigt keinen Punktabzug.	A
Strukturen	Das Spektrum ist überwiegend angemessen: *wie man sein Studium finanzieren kann; einen Studiumkredit ... Dafür ...; Deswegen habe ich mich mit dieses Thema nicht so viel beschäftigt* Es gibt mehrere Fehlgriffe, die das Verständnis noch nicht stören: *er* anstelle von *man* (*zahlt er weniger Zinsen*); *eine gute Möglichkeit für jeder, die nicht ein Studium leisten kann; mit dieses Thema; weil die waren in Slowenien.*	B
Frage und Antworten	Die Fragen und Antworten sind inhaltlich und im Umfang angemessen realisiert. Frage: *Meinst du, dass die meisten Leute essen gesund in Arbeit?* Antworten: Geht ausführlich auf die Fragen des Prüfenden und der anderen Kandidatin ein: *Die arbeiten ... Eltern können das nicht leisten und deswegen, alle Studenten arbeiten. Ja, das ist ein guter Punkt. Also ich denke.*	A

Teil 2 Diskussion führen: Sollen Studierende ihre Professoren beurteilen?

	Kommentar Teilnehmerin 1	Bewertung
Erfüllung der Aufgabe	Die geforderten Sprachfunktionen (Argumente austauschen und auf Argumente reagieren) sind inhaltlich und im Umfang angemessen behandelt; kann den eigenen Standpunkt vertreten, argumentativ ausbauen und anhand von Beispielen illustrieren	A
Interaktion	Beginnt das Gespräch und treibt es voran, d. h. verhält sich initiativ: *Okay, also wir müssen jetzt über das diskutieren.* Nennt Argumente: *Ich bin der Meinung, dass ...* *Ich kann aus meiner eigenen Erfahrungen sprechen.* Geht auf die Partnerin ein: *Was meinst du dazu? Stimmt, ja. Wie war das in Aserbaidschan? Ehrlich?* Reagiert ohne Verzögerung auf die Impulse der Partnerin.	A
Wortschatz	Das Register ist situations- und partneradäquat, Spektrum differenziert: *bewerten, unter Druck sein, die Stelle verlieren, System, Chaos* Sucht aber oft nach Worten. Anwendung von Kompensationsstrategie, als ihr einmal ein Wort nicht einfällt: *wie sagt man das?*	B
Strukturen	Das Spektrum ist überwiegend angemessen, Mehrere Fehlgriffe, die das Verständnis noch nicht stören: *dass die Studenten sollen auf jeden Falls die Professoren beurteilen; wir hatten die gleiche Professoren, keine Angst um die Stelle zu verlieren ... die hatten die gleiche Unterrichten gemacht.*	B

Teil 1 und Teil 2

	Kommentar Teilnehmerin 1	Bewertung
Aussprache	Es gibt keine auffälligen Abweichungen.	A

Teil 1 Vortrag halten: Ernährung am Arbeitsplatz

	Kommentar Teilnehmerin 2	**Bewertung**
Erfüllung der Aufgabe	Die Sprachfunktionen sind inhaltlich und im Umfang angemessen behandelt. Alternativen: benennt drei: 1. *unterwegs kaufen,* 2. *zu Hause vorbereiten und mitnehmen,* 3. *auf der Arbeit bestellen* Vorteile: 1. *zeitsparend,* 2. *billiger und gesünder* Nachteile: 1. *teurer*	A
Kohärenz	Klare Struktur erkennbar mit Einleitung: *Ich finde, das Thema ... interessiert alle heutzutage,* Hauptteil: *Ich möchte zuerst sagen welche verschiedene Alternativen gibt es* und Schluss: *ich bin dafür, dass Menschen die Lebensmittel kaufen und zu Hause vorbereiten und mitnehmen* Teilweise etwas sprunghaft. Stockende Vortragsweise mit vielen Ähs.	B
Wortschatz	Spektrum überwiegend angemesen: *globalisierte Welt, hektisch, beschäftigt, Regel, zubereiten, umgekehrt* Gute Beherrschung des Wortschatzes. Korrigiert einen kleineren Fehlgriff selbst: *Zeit spenden ... sparen*	B
Strukturen	Spektrum überwiegend angemessen: *füreinander, man kann damit Zeit sparen, ich bin dafür, dass* Mehrere Fehlgriffe, die das Verständnis noch nicht stören: *welche verschieden Alternativen gibt es, ein Regel, gesunder*	B
Frage und Antworten	Fragen und Antworten sind inhaltlich und im Umfang überwiegend angemessen realisiert. Frage: Sie braucht am Anfang etwas Zeit, aber am Ende ist die Frage gut formuliert. Antworten: Die Frage des Prüfers beantwortet sie sehr gut, die Antwort auf die Frage der Partnerin ist nicht ganz klar, deshalb B.	B

Teil 2 Diskussion führen: Sollen Studierende ihre Professoren beurteilen?

	Kommentar Teilnehmerin 2	Bewertung
Erfüllung der Aufgabe	Die geforderten Sprachfunktionen (Argumente austauschen und auf Argumente reagieren) sind inhaltlich und im Umfang angemessen behandelt; kann den eigenen Standpunkt vertreten, argumentativ ausbauen und anhand von Beispielen illustrieren	A
Interaktion	Treibt das Gespräch mit voran, d. h. verhält sich auch initiativ: Nennt Argumente: *Die Lehrkraft spielt eine große und bedeutende Rolle beim Lernprozess, weil die Lernatmosphäre bedeutet viel für Studierende, ... sie haben Recht, etwas beurteilen und einschätzen, Die Beurteilung ... hat manchmal auch Nachteile ... vielleicht kann nicht Wahrheit zeigen.* Geht auf die Partnerin ein: *ich bin deiner Meinung, meines Erachtens, Was denkst du, das kann Vorteile habe?* Reagiert ohne Verzögerung auf die Impulse der Partnerin.	A
Wortschatz	Das Register ist situations- und partneradäquat Spektrum überwiegend angemessen. Gute Beherrschung des eingesetzten Wortschatzes. Sie hilft der Partnerin aus, als dieser ein Wort fehlt: *bemühen sich, oder?*	B
Strukturen	Spektrum überwiegend angemessen: *sie sollen begeistert und motiviert werden, man will seine Zukunft aufbauen* Mehrere Fehlgriffe, die das Verständnis noch nicht stören: *alle haben Recht, etwas beurteilen und einschätzen, die Studierende haben auch diese Recht, hat eine nicht so gute Gefühle gegenüber der Professor.* Fehlende Artikel irritieren manchmal, erhöhte Konzentration erforderlich.	B

Teil 1 und Teil 2

	Kommentar Teilnehmerin 2	Bewertung
Aussprache	Abweichungen bei der Intonation: Sie geht öfters am Satzende mit der Satzmelodie nicht nach unten.	B

6 Sprachliche Mittel

Für die Bewältigung der Aufgaben notwendige sprachliche Mittel finden sich vollständig in *Profile Deutsch*. In diesem Handbuch wird ausschließlich auf Strukturen und Wortschatz eingegangen.

6.1 Strukturen

Diese Liste enthält sprachliche Strukturen des Deutschen auf dem Niveau B2, die Prüfungsteilnehmende rezeptiv beherrschen sollen. Sie findet Verwendung in allgemeinsprachlichen Kursen auf Niveau B2 an den Goethe-Instituten in Deutschland.

VERB

Tempus

Futur II

Vermutungen

Christophs Fahrrad steht nicht vor der Tür. – Er **wird** damit **weggefahren sein**.

Modus

Agens *von/durch*

Die Schüler werden **von** der Lehrerin informiert.

Die Schüler werden **durch** die Lehrerin informiert.

Passiv mit **Modalverb** (Präteritum, Perfekt, Plusquamperfekt)

Die Schüler **konnten** heute informiert werden.

Die Schüler haben heute informiert werden **können**.

Die Schüler hatten heute informiert werden **können**.

Konjugation

Konjunktiv II irrealer Wunsch, Höflichkeit, Vorschlag, irreale Bedingung, Vorwurf

Ich **wäre** gerne Millionär.

Würdest du mir bitte den Salat reichen?

Wir **könnten** schwimmen gehen.

Bräuchtest du meine Hilfe, würde ich sofort helfen.

Du **hättest** das schon gestern tun sollen!

Konjunktiv II Vergangenheit

Ich **hätte** als Kind gerne mehr Ferien gehabt.

Konjunktiv II irrealer Vergleich

Der Koffer ist so schwer, als ob Steine darin **wären**.

Konjunktiv I (Gegenwart/Vergangenheit): indirekte Rede
  Sie sagt, sie **sei** zufrieden.
Konjunktiv II indirekte Rede
  Er sagt, er **hätte** den Brief bekommen.
Passiversatzformen
  Die Tür lässt sich nicht leicht schließen.
  Die Schublade ist nicht abschließbar.
  Er war nicht zu verstehen. Sie hat die Blumen geschenkt bekommen.
Modalverben in subjektiver Bedeutung
können (auch im Konjunktiv II), *müssen* (auch im Konjunktiv II), *sollen*, *mögen*
sollen für Distanzierung von Äußerungen Dritter
  Er **soll** krank sein.
können/müssen in Vermutungen
  Sie **können** im Stau stehen.
mögen Wunsch
  Ich **mag** heute nicht mehr spazieren gehen.
Partizip I + II als Linksattribut
  Ein sprechender Vogel.
  Die geöffnete Flasche.

Verbvalenz

Nebensatz als Ergänzung
  Ich möchte Sie bitten, **keinen Lärm zu machen**.
Infinitiv als Ergänzung
  Ich möchte den Drucker **reparieren lassen**. (auch Präteritum und Perfekt)
  Er scheint **zu verstehen**.
Funktionsverbgefüge
  zur Anwendung kommen
Verben + Präpositionen
  abhängen von; sich eignen für; etwas verlangen von ...

NOMEN

Wortbildung

Komposita (Vertiefung)
Präfixe: Hin-, Rück-, Auf-, Ab-, Gegen- ... (Hin- und Rückfahrt, Auf- und Abstieg, Gegenteil ...)
Suffixe: -ung, -ion, -igkeit, -ist, -or, -iker, -e, -nis ...
Nominalisierung von Verben auf -ieren, -igen, -lichen
  vereinheitlichen – Vereinheitlichung
  differenzieren – Differenzierung
  erledigen – Erledigung ...
Nomen mit Präpositionen
  Wunsch nach, Lust auf, Grund für ...

ARTIKELWÖRTER

Deklination

Genitiv

Demonstrativartikel

jene/r/s, der-/die-/dasjenige, solche
  (Autos mit Katalysatoren?) – Solche Autos gibt's jetzt überall.

Indefinitartikel

irgendein, irgendwelche, sämtliche, mehrere, irgendetwas, irgendwas, nichts
  Sie möchte irgendetwas Neues sehen.

PRONOMEN

Demonstrativpronomen

jene/r/s, der-/die-/dasjenige, solche

(Autos mit Katalysatoren?) – Solche gibt's jetzt überall.

Indefinitpronomen

irgendeine/r/s, mehrere

Relativpronomen

wo + Präposition (woraus, woran ...)

Das Letzte, **woran** ich mich erinnere, ist ...

wer, was (im verkürzten Relativsatz)

Wer viel Gemüse isst, lebt gesünder.

ADJEKTIVE

Adjektive mit Präposition

abhängig von; geeignet für; neidisch auf ...

Attributiv, Deklination nach bestimmtem, unbestimmtem und Nullartikel – Genitiv

Er konnte während der langen Fahrt nicht schlafen.

Wortbildung

Komposita mit -los, -reich, -voll, -arm, -leer, -frei

Komposita: wasserdicht, fahrtüchtig ...

Suffixe: -isch, -lich, -ig

Präfixe: un-, a-, an-, in- als Mittel der Negation

Suffixe: -bar, -lich, -sam, -iv

Flexion des attributiven Partizips I und II

der sprechende Vogel

des sprechenden Vogels ...

PRÄPOSITIONEN

Temporal

außerhalb, innerhalb, bei, von ... an

Von diesem Tag **an** machte er jeden Morgen Sport.

Außerhalb seiner Arbeitszeit kann er nicht mehr viel machen.

Kausal

aus, aufgrund, vor, dank, durch ...

Er kann **aufgrund** einer Erkältung nicht an der Sitzung teilnehmen.

Durch den Unfall kam es zu einer Stauung.

Er konnte **vor** Kopfweh nicht einschlafen.

Dank deinem Rat geht es ihm jetzt besser.

Lokal

entlang, gegenüber (vor- und nachgestellt), jenseits

Er ging den Fluss **entlang** /**entlang** des Flusses.

Jenseits der Berge ist das Tessin.

Konzessiv

trotz

Trotz des Regens sind wir spazieren gegangen.

Konditional

bei

Bei schlechtem Wetter fällt das Konzert aus.

Modal
ohne, entsprechend, außer, durch ...

Ohne Helm sollte man nicht mit dem Fahrrad fahren.

ADVERBIEN

Temporal
neulich, schließlich, zuletzt ...

Kausal
somit, daher

Ausdruck von Vermutungen
vermutlich, anscheinend, eventuell ...

Modal
außerdem, dagegen, ebenfalls, eher

KONNEKTOREN

Konjunktoren

Additiv
nicht nur ..., sonder auch ..., sowohl ..., als auch ...

Nicht nur gestern, **sondern auch** heute ist es viel zu kalt.

Der Arzt hat **sowohl** heute **als auch** morgen keinen Termin mehr frei.

Alternativ
einerseits ... andererseits

Konzessiv
zwar ... aber

Es war **zwar** schön, **aber** zu kalt.

Restriktiv
weder ... noch, jedoch

Es geht **weder** heute **noch** morgen.

Sie ruft immer wieder an, **jedoch** ohne Erfolg.

Subjunktoren

Temporal
ehe, solange, sobald

Wir können losfahren, **sobald** er Peter angerufen hat.

Konditional
sofern, falls, auch wenn

Wir kommen sicher pünktlich, **sofern/falls** kein Stau auf der Autobahn ist.

Adversativ
während, anstatt dass, zu

Sie arbeitet viel, **während** er eher faul herumliegt.

Modal
indem

Er machte das Licht aus, **indem** er einfach die Lampe rausnahm.

Restriktiv
ohne dass, ohne zu

Er ging, **ohne dass** ich es merkte.

Verbindungsadverbien

Kausal

daher, somit

Ich hatte immer wieder Ärger mit meiner Internetadresse, **daher** habe ich jetzt eine neue.

Er spielt immer besser und hat **somit** auch mehr Chancen, einmal ...

Konzessiv

dennoch

Dennoch hat er es geschafft. (Die Prüfung war sehr schwer.)

Konsekutiv

folglich, somit, infolgedessen

Restriktiv

dagegen

(Gestern war das Wetter schlecht.) **Dagegen** ist es heute fast schön.

SATZ

Positionen im Satz

Anordnung der Verbteile bei Perfekt/Futur mit Modalverb im Nebensatz

Uns fällt ein, dass wir unsere Jacken im Klassenraum **haben liegen lassen**.

Vorfeldbesetzung, Nachfeldbesetzung

Stellung der Ergänzungen im Satz: linksgerichtet (Nominativ-, Akkusativ-, Dativergänzung) und rechtsgerichtet (Direktiv-, Situativ-, Präpositionalergänzung)

Nebensatz

Konditionalsatz

Wenn es morgen heiß wird, gehen wir Eis essen.

Konzessivsatz

Er ist im See geschwommen, **obwohl** es sehr kalt war.

Uneingeleiteter Nebensatz mit Verb-Erststellung

Sollte etwas nicht klar sein, fragen Sie einfach.

Desiderativsatz

Wenn ich das gewusst hätte!

Temporal- und Kausalsatz

Seitdem er studiert, hat er nicht mehr viel Zeit.

Weil sie Geburtstag hat, backt er einen Kuchen.

Infinitivsatz

Ich habe vor, Deutsch zu lernen.

Relativsatz, verkürzter Relativsatz

Wer nicht mitkommen will, kann hier essen.

Relativsatz, generalisierender Relativsatz

Ich sage dir, worüber wir gesprochen haben.

Modalsatz

Es gefällt ihr, **dass** die Sonne noch scheint.

Adversativsatz

Sie ist groß, **wohingegen** er eher klein ist.

Konsekutivsatz

Er fängt früh zu lernen an, **sodass** er später nicht in Zeitnot gerät.

Nominalisierung/Verbalisierung

Ich freue mich auf euer Kommen.

6.2 Wortschatz

Der Wortschatz, der dem *Goethe-Zertifikat B2* zugrunde liegt, beschränkt sich auf die bundesdeutsche Standardvariante. Er findet sich in *Profile Deutsch* aufgelistet und ist sowohl für die Jugendprüfung wie für die Erwachsenenprüfung anzuwenden. Auswahlkriterium bei der Zusammenstellung war die Relevanz eines Wortes im alltäglichen, zeitgemäßen Sprachgebrauch, vor allem im privaten und öffentlichen Bereich, sowie in Beruf, Schule und Ausbildung. Welche Wörter und Ausdrücke in einem Prüfungssatz vorkommen, hängt u. a. von den Inhalten und Themen der Aufgaben im jeweiligen Prüfungssatz ab. Es wird von den Prüfungsteilnehmenden erwartet, dass sie den Wortschatz der Texte zumindest rezeptiv beherrschen, d. h. dass diese beim Bearbeiten der geschriebenen Texte verstanden werden müssen. Es darf kein Wörterbuch hinzugezogen werden. Wörter innerhalb der Hör- und Lesetexte, die zum Verständnis und zum Erfüllen der Aufgabe nicht notwendig sind, dürfen auch jenseits des Niveaus B2 angesiedelt sein.

7 Literatur

ALTE (Hg.) (1994): The ALTE Code of practice. ALTE Document 3. Cambridge: University of Cambridge Local Examinations Syndicate.

Bachman, L.F. (1990): Fundamental considerations in language testing. Oxford: Oxford University Press.

Bachman, L.F. / Palmer, A.S. (1996): Language Testing in Practice. Oxford: Oxford University Press.

Bachman, L.F. / Palmer, A.S. (2010): Language Assessment Practice: Developing Language Assessments and Justifying their Use in the Real World. Oxford: Oxford University Press.

Bolton, S. / Glaboniat, M. / Lorenz, H. / Müller, M. / Perlmann-Balme, M. / Steiner, S. (2008): Mündlich: Mündliche Produktion und Interaktion Deutsch. Illustration der Niveaustufen des Gemeinsamen europäischen Referenzrahmens. Berlin: Langenscheidt.

Buck, G. (2001): Assessing Listening. Cambridge: Cambridge University Press.

Bygate, M. (2000): Speaking. In: Byram, M. (Hg.): Routledge Encyclopedia of language teaching and learning. London: Routledge, S. 563-566.

Canale, M. / Swain, M. (1980): Theoretical bases of communicative approaches to second language teaching and testing. In: Applied Linguistics 1, S. 1–47.

Canale, M. (1983): From communicative competence to communicative, language pedagogy. In: Richards, J.C. / Schmidt, R.W. (Hg.): Language and Communication. New York: Longman.

Dygers, B. / Zeidler, B. / Vilcu, D. / Carlsen, C. (2017): One Framework to Unite Them All? Use of the CEFR in European University Entrance Policies, Taylor and Francis online, S. 1–13.

Ehlers, S. (1998): Lesetheorie und Fremdsprachliche Lesepraxis aus der Perspektive des Deutschen als Fremdsprache. Tübingen: Narr.

Europarat (Hg.) (2001): Gemeinsamer europäischer Referenzrahmen für Sprachen: lernen, lehren, beurteilen. Berlin: Langenscheidt.

Europarat (Hg.) (2009): Relating Language Examinations to the Common European Framework of Reference for Languages: learning, teaching, assessment (CEFR). A Manual. Strasbourg: Council of Europe. http://www.coe.int/t/DG4/Portfolio/documents/Manual%20 Revision%20-%20proofread%20-%20FINAL.pdf.

European Commission (Hg.) (2012): First European Survey on Language Competence. Final Report. http://ec.europa.eu/languages/policy/strategic-framework/documents/language-survey-final-report_en.pdf.

Glaboniat, M. / Müller, M. / Rusch, P. / Schmitz, H. / Wertenschlag, L. (2005): Profile deutsch. A1-C2 (Version 2.0). Berlin: Langenscheidt.

Glaboniat, M. / Perlmann-Balme, M. / Studer, T. (2013): Zertifikat B1. Deutschprüfung für Jugendliche und Erwachsene. Prüfungsziele Testbeschreibung. Ismaning: Hueber.

Goethe-Institut (2017): Jahrbuch 2016/2017. München.

Goethe-Institut / Österreichisches Sprachdiplom Deutsch / Schweizerische Konferenz der kantonalen Erziehungsdirektoren / Weiterbildungs-Testsysteme GmbH (2005): Zertifikat Deutsch für Jugendliche. Lernziele und Testformat. http://www.goethe.de/mmo/priv/830823-STANDARD.pdf.

Johnstone, B. (2002): Discourse Analysis. Malden, Oxford: Blackwell Publishers.

Joyce, P. (2011): Componentiality in L2 listening. In: O'Sullivan, B. (Hg.): Language testing: theories and practices. New York: Palgrave Macmillan, S. 71–93.

Kane, M.T. (2008): Terminology, Emphasis, and Utility in Validation. In: Educational Researcher March 37, S. 65-75.

Khalifa, H. / Weir, C.J. (2009): Examining reading. Research and practice in assessing second language reading. Studies in Language Testing 29, Cambridge: UCLES/Cambridge University.

Levelt, W.J.M. (1989): Speaking: from intention to articulation. Cambridge, Mass.: MIT Press.

Lutjeharms, M. (2010): Der Leseprozess in Mutter- und Fremdsprache. In: Lutjeharms, M. / Schmidt, C. (Hg.): Lesekompetenz in Erst-, Zweit- und Fremdsprache. Tübingen: Narr, S. 11–26.

Mercator-Stiftung (2013): Qualität von Sprachstandsverfahren im Elementarbereich. www.migazin.de/2013/11/22studie-sprachstandstests-mehrsprachigkeit-kindern

Nold, G. / Rossa, H. (2006): Anforderungsprofile von Aufgaben: Task-based assessment und task-based language learning. In: Hosenfeld, I. / Schrader, F.-W. (Hg.): Unterricht und schulische Leistung. Grundlagen, Konsequenzen, Perspektiven. Münster: Waxmann , S. 65–86.

Rost, M. (2002): Teaching and Researching Listening. Harlow: Pearson.

Salomo, D. (2014a): Deutschland, Deutschlernen und Deutschunterricht aus der Sicht von Jugendlichen und Lehrkräften in verschiedenen Ländern weltweit. Eine empirische Studie. (Hg.) München: Goethe-Institut.

Salomo, D. (2014b): Jugendliche lernen anders Deutsch! In: Fremdsprache Deutsch Heft 51, S. 3–9.

Schneider, G. / North, B. (2000): Fremdsprachen können – was heisst das? Skalen zur Beschreibung, Beurteilung und Selbsteinschätzung der fremdsprachlichen Kommunikationsfähigkeit. Chur/Zürich: Rüegger.

Schweizerische Konferenz der kantonalen Erziehungsdirektoren (Hg.) (1999): Europäisches Sprachenportfolio – Portfolio européen des langues – Portfolio europeo delle lingue – European Language Portfolio, Schweizer Version, Bern. http://www.coe.int/t/dg4/education/elp/ELP-REG/Default_EN.asp

Scovel, T. (1998): Psycholingustics. Oxford: Oxford University Press.

Solmecke, G. (2000): Verständigungsprobleme im Englischunterricht. In: Düwell, H. / Gnutzmann, C. / Königs, F.G. (Hg.): Dimensionen der didaktischen Grammatik. Bochum: AKS, S. 305–326.

Weir, C.J. (2005): Language testing and validation. An evidence-based approach. Basingstoke: Palgrave Macmillan.

8 Abbildungsverzeichnis

Bildnachweise

Abbildung 5 © Association of Language Testers in Europe ALTE
Abbildungen 19, 20, 21, 22, 23, 24, 25, 26, 27, 28, 29, 30a, 31, 32, 34, 35, 40, 41, 49 © Goethe-Institut
Abbildung 11 © European Survey on Language Competence ESLC
Abbildung 50 © Georg Schmidbauer, München
Abbildung 33a, 33b, 37 Colourbox.de